GESCHMACK ENTSCHEIDET!

GESCHMACK ENTSCHEIDET!

MEINE AUSSERGEWÖHNLICHE AROMENKÜCHE

ANGELO SOSA

UND SUZANNE LENZER

Mit Fotos von
William Brinson

JAN THORBECKE VERLAG

Widmung:
Meinem Sohn Jacob. Glaub an deine Träume, dann werden sie sich erfüllen.

VERLAGSGRUPPE PATMOS
PATMOS
ESCHBACH
GRÜNEWALD
THORBECKE
SCHWABEN
Die Verlagsgruppe
mit Sinn für das Leben

Aus dem Englischen von Julia Walther

www.thorbecke.de

Umschlaggestaltung: Finken & Bumiller, Stuttgart
Printed in China
ISBN 978-3-7995-0379-2

Inhalt

Vorwort | von Alain Ducasse

Erwarten Sie nicht von mir, Ihnen zu erzählen, dass Angelo Sosa ein ausgezeichneter Koch ist. Es hat schließlich keinen Sinn, das Offensichtliche zu betonen: Jeder begeisterte Food-Liebhaber, der Angelos Karriere über die letzten zehn Jahre hinweg verfolgt hat, hatte in den verschiedenen Restaurants, in denen Angelo gearbeitet hat, Gelegenheit zu sehen (und im Idealfall auch zu schmecken), welches Talent er besitzt. Wer diese Chance verpasst hat, hält nun mit diesem Buch eine Rezeptsammlung in der Hand, die ein weiterer Beweis für Angelos Know-how ist.

Zu sagen, dass Angelo Sosa ein toller Koch ist, würde außerdem das Wesentliche gar nicht treffen. Ich glaube, dass er uns auf außergewöhnliche Weise zeigt, worum es in der modernen Küche eigentlich geht. Angelo erinnert mich immer wieder gerne daran, wie überrascht ich war, als ich durch Zufall selbst im Yumcha aß. Da dieses Restaurant eine offene Küche besaß, konnte ich im Detail Angelos Arbeitsweise miterleben: wie präzise seine Gesten sind und wie tadellos er alles organisiert hat.

Noch viel wichtiger ist jedoch Angelos unstillbare Neugier. Er betrachtet die Welt stets mit ganz großen Augen. Seine Leidenschaft für asiatische Geschmacksnuancen ist wohlbekannt. Er hegte sie bereits während seiner Zeit mit Jean-Georges Vongerichten, und sie brachte ihn schließlich dazu, Asien zu bereisen – von Hongkong über Korea bis nach Vietnam. Diese Erlebnisse befruchten dieses Buch. Infolgedessen ist er ebenso in der Lage, Spitzengerichte der asiatischen Küche zu kochen, die er so sehr liebt, wie rustikalere, lockerere Interpretationen. Er weiß, wie er seiner Inspiration treu bleiben und trotzdem verschiedene andere Einflüsse miteinbeziehen kann, um westliche, großstädtische Gaumen zu befriedigen. Angelo beherrscht seine Kunst so gut, dass er mit all diesen unterschiedlichen Elementen jonglieren kann und dabei nie in die Falle tappt, „wirre Gerichte" zu erfinden. Nein, seine Rezepte sind immer klar und direkt.

Die Mischung aus technischer Perfektion und Leidenschaft entspringt Angelos starkem Charakter. Zusammen mit seiner eleganten Herangehensweise ist seine Küche absolut einzigartig. Man spürt in jedem der Rezepte seine Leidenschaft für asiatische Gewürze und Aromen, sein Talent, sie harmonisch zu verbinden, und seine ungebremste Kreativität. Jedes von ihnen erzählt eine Geschichte – die Geschichte eines Meisterkochs, der für seine Leidenschaft lebt.

Einleitung

Einer der genialsten Momente meiner Karriere war ein ganz stiller Moment. Stellen Sie sich folgende Szene vor: Ich habe ein Treffen mit Jean-Georges Vongerichten wegen eines Jobs in seinem 4-Sterne-Restaurant in New York City. Das Vorstellungsgespräch hat gerade begonnen, als er, in seinem schweren französischen Akzent, einfach nur sagt: „Folgen Sie mir." Und er führt mich zum ersten Mal in seine Küche. In meiner Erinnerung ist alles strahlend weiß und silbern, unglaublich sauber und beinahe geräuschlos, abgesehen vom metallischen Klirren einiger Pfannen, dem hohlen Geräusch von Kupfer gegen Kupfer. So wie diesen Raum in diesem Moment stelle ich mir den Himmel vor: glänzende Flächen und köstliche, exotische Aromen um mich herum. Mit gedämpfter Stimme meinte Jean-Georges: „Sehen Sie mal", und legte die Hand auf den Griff des Bonnet Backofens, um ihn zu öffnen. Mit großen Augen stand ich ehrfürchtig da. Ich hatte noch nie zuvor einen Bonnet gesehen. Dann legte er meine Hand auf den Griff und ließ los. Das Gewicht war beachtlich – es fühlte sich an wie zehn Pfund Metall in meiner Faust. In der Edelstahlfläche rings um die Ofentür konnte ich mein Spiegelbild sehen. Ich spürte die Hitze, die herausströmte und um meinen Kopf wirbelte. Es war wunderbar – was soll ich dazu noch sagen?

Von diesem Augenblick an war ich wie gebannt, nicht nur davon, wie cool dieser Ofen war, sondern auch vom Essen, das ich kochte, und allem, was ich an Jean-Georges' Seite lernte. Als ultimativer Perfektionist brachte er mir bei, wie wichtig es ist, keine Kompromisse einzugehen, sich nie mit gut genug zu begnügen. Jean-Georges habe ich meine Arbeitsmoral zu verdanken. Durch ihn habe ich die Philosophie entwickelt, nach der ich lebe und arbeite. Den Glauben, dass Einfachheit sehr komplex ist und dass es darum geht, die Dinge auf ihren innersten Kern, ihre reinste Form zu reduzieren.

Jean-Georges Gerichte, die von der französischen Sterneküche inspiriert sind, weisen außerdem viele Einflüsse der asiatischen auf und basieren auf Zutaten, die in Frankreich traditionell ziemlich unorthodox – wenn nicht gar unbekannt – sind. Im Laufe der Jahre, die ich mit ihm gearbeitet habe, habe ich eine ganz neue Geschmackswelt und innovative Möglichkeiten entdeckt, diese Aromen zu kombinieren. Grüne Äpfel mit Endiviensalat, roher Fisch mit Traubengelee, Lamm mit Kräutersaitlingkruste. So ist Jean-George: Ein verrückter Wissenschaftler, wenn es um Geschmackskombinationen geht. Danach wurde mir klar, dass ich selbst nach Asien reisen musste, wenn ich mich als Koch und Mensch weiterentwickeln wollte. Ich musste diese exotischen Zutaten selbst in ihrer authentischen Form kosten, und ich wollte eintauchen in diese Kultur, deren Küche mich so gefangen genommen hatte. Was für eine Reise!

Eine atemberaubende Reise in die Welt der Aromen

Auf meiner Reise durch Asien war ich fasziniert von der unglaublichen Fülle an Kräutern, Gewürzen und Zutaten um mich herum. Gleichzeitig hatte ich wirklich das Gefühl, zu Hause angekommen zu sein – als hätte ich meinen Platz auf der Welt gefunden. Ich weiß noch, wie ich eines Tages über einen Markt in Hanoi spaziert bin. Die Luft war dämpfig und gesättigt mit diesem fruchtbaren Geruch von Produkten, die frisch vom Feld kommen: Gemüse in jeglicher Form, Farbe und Größe, an dem noch feuchte Erde hing. Ich stand da, inmitten dieses Chaos aus schnatternden Tieren und feilschenden Kunden, und dachte: „Was ist dieser Duft, der mich da so lockt?" Dann wurde es mir schlagartig klar: langer Koriander – intensiv, aggressiv und deutlich komplexer im Geschmack als gewöhnlicher Koriander. Ich kaufte ein Büschel und fragte mich, ganz in meine eigene Gedankenwelt versunken: Wie verwende ich dieses Kraut? Wie schaffe ich es, seine Essenz zu extrahieren?

Dann fiel mir eine Holzkiste voller Zitronengrasstängel auf. Am einen Ende dick und prall, am anderen steif wie Bambus. Ich konnte nicht anders, ich nahm einen der Stängel und schlug ihn gegen die Seitenwand der Kiste. Es gab einen lauten Knall, als der Stängel aufbrach und das frische, säuerliche Aroma verströmte. Der Verkäufer sah mich an, als sei ich verrückt, aber ich war so von diesem kräftigen Duft gefangen genommen, dass ich es kaum wahrnahm. Ich malte mir bereits aus, wie dieses Zitronengras den Koriander ergänzen würde und wie toll sie zu Fisch passen würden, in einer salzig-süßen Karamellsauce mit einem Hauch von Curry ...

Zerkleinern – zum Leben erwecken

So funktioniert das bei mir, wenn ich mir neue Gerichte ausdenke: Ich bin besessen von einem Geschmack, einer Zutat, einem Duft, und fange dann an, diese mit anderen, entgegengesetzten Aromen zu kombinieren. Dann entscheide ich, welche Zutaten dazu passen. Die meisten meiner Rezepte basieren auf einem Dreiklang von Aromen. Meiner Meinung nach braucht ein Gericht, das wirklich funktioniert, drei verschiedene Komponenten, die im Zentrum der Aufmerksamkeit stehen. Sagen wir, ich gehe von süß, salzig, rauchig aus. Denken Sie an Speck und Eier. Da haben wir den rauchigen, salzigen Speck, und die Eier kann man mit etwas süßem Ketchup aufpeppen. Und schon hat man den Aromendreiklang. Oder Chorizo-Wurst und Zwiebeln, Räucherlachs und eingelegtes Gemüse, Prosciutto-Schinken und gegrillte Wassermelone. Sie alle basieren auf derselben Geschmackskombination, einer, die uns sehr vertraut ist. Ich steigere das Ganze allerdings ein wenig, indem ich unerwartete Zutaten verwende. Und Sie können es sogar noch weiter treiben: Wenn Sie es so richtig nobel mögen, dann servieren Sie zu Prosciutto und Wassermelone doch einfach noch eine schöne dünne Scheibe Red Snapper.

In diesem Buch konzentriere ich mich auf neun zentrale Geschmacksrichtungen: süß, salzig, rauchig, bitter, sauer, umami, scharf, erdig und nussig (siehe Geschmackskarte, S. 12–13). Es gibt aber noch weit mehr als diese (denken Sie nur an säuerlich, kräuterwürzig, blumig und so weiter). Deshalb gibt es zu jedem Rezept, das Sie im Kapitel einer Hauptgeschmacksrichtung finden, noch einen Hinweis auf den subtileren Aromendreiklang innerhalb dieses Gerichts. Nehmen Sie zum Beispiel meine süße Tomatensuppe mit Curry-Schlagsahne: Dieses Gericht gehört zum Kapitel „Süß", weil das deutlichste Aroma – der Geschmack, der zu seiner Entwicklung geführt hat – das der süßen Tomaten ist. Es fällt aber auch unter säuerlich und scharf, nicht nur, weil die Tomaten auch eine gewisse Säure haben, sondern weil Knoblauch und Ingwer beide eine deutliche Schärfe besitzen, die man schmeckt, auch wenn sie noch so unterschwellig ist. Die Gochujang-Paste und das Curry bringen dann natürlich noch mal richtig Feuer, was ebenfalls ein wesentlicher Bestandteil dieses Gerichts ist. Während die Hauptgeschmacksrichtung also süß ist, gibt es weitere Aromen, die den Dreiklang ergänzen – und das Gericht komplexer und interessanter machen.

Räucher-
speck

Bonito

Rauchig

Chorizo

Chipotle-Chilis

Zucker

Wassermelone

Litschi

Süß

Palmzucker

Weiße Schokolade

Ananas

Ahornsirup

Geschn

Wasabi

Ingwer

Sambal

Sancho-Pfeffer

Sriracha

Scharf

Thai-Chili

Kimchi

Jalapeño

Sesam

Basmatireis

Mandeln

Nussig

Cashewnüsse

Senfkörner

Geröstetes
Sesamöl

Salz

Austern-
sauce

Fischsauce **Salzig**

Sojasauce

Garnelenpaste

Trüffel

Schwarze
Pfefferkörner

Tomaten

astinaken **Erdig** Türkischer Pfeffer

Ungesüßtes
Kakaopulver

Schwarzer
Kardamom

Rote Bete

Kurkuma

Sojasauce

Tomaten

Umami

Garnelenpaste

ckskarte

Shiitake-Pilze

Pancetta

Eisbergsalat

Senfkörner

Wasabi **Bitter**

Oolong-Tee

Kreuzkümmel

Reisessig

Zitrone

Tamarinde **Sauer**

Ananas

Yuzu-Frucht

Wir sind Geschmacksextrakteure

Als Köche und Hobbyköche sollten wir uns als Extrakteure betrachten. Unsere Aufgabe ist es, Wege zu finden, wie wir die Essenz aus jeder Zutat herausdestillieren können, um ihre individuellen Nuancen zum Strahlen zu bringen. Ich versuche zum Beispiel immer, den Kräutern und Gewürzen ihre ätherischen Öle zu entlocken. Frische Kräuter zerstoße oder zerklopfe ich, um die Öle freizusetzen (Zitronengrasstängel werden meist flach geklopft und dann zerkleinert, Rosmarin und Thymian zerstoßen oder zerrieben).

Grundsätzlich bevorzuge ich fast immer Gewürze im Ganzen. Mit Hilfe einer ganz einfachen, aber entscheidenden Vorgehensweise entlocke ich ihnen dann den maximalen Geschmack: Ich röste die Gewürze langsam an, bis sie ihr Aroma entfalten. Dann lasse ich sie vollständig abkühlen, bevor ich sie in einer Gewürzmühle mahle (einer Kaffeemühle, die ich nur für Gewürze verwende). Das mag aufwändig erscheinen, ist es aber nicht wirklich. Man kann alle Gewürze, die man für ein Gericht braucht, in einer Pfanne rösten – man sollte dabei nur mit dem größten beginnen und die anderen der Größe nach zugeben, bis jedes seinen Duft verströmt. (Die Gewürze nach dem Rösten immer abkühlen lassen. Werden Sie in erhitztem Zustand gemahlen, kleben die flüchtigen Öle in der Mühle fest, und man verliert den intensiven aromatischen Geschmack.)

Beim Extrahieren geht es darum, Techniken zu finden, wie sich Zutaten kombinieren lassen, um eine ausgewogene, harmonische Beziehung zu erreichen. Mal ist es der Wok, dessen Hitze und Energie einem das Gefühl geben, vor einer Boing 747 zu stehen – schnell und heftig. Mal behandeln wir das Essen wie Tee und lassen es ziehen, langsam und sanft, damit es sein Aroma entfaltet. Es gibt viele verschiedene Wege, die das Wesen unserer Zutaten respektieren und die auf der Suche nach Geschmack verwendet werden können, aber letzten Endes ist das Ziel immer dasselbe: Aus den feinsten Zutaten das Beste herauszuholen und dabei nie aus den Augen zu verlieren, dass es um den K-Faktor geht (den Köstlichkeits-Faktor). Es geht darum, Gerichte zu kochen, die nicht nur gut sind, sondern überragend.

Grenzen ausloten

Im Laufe meiner Karriere habe ich mir für meine Fähigkeit, Zutaten zu kombinieren, die auf verlockende Weise scheinbar nicht zusammenpassen, einen besonderen Namen gemacht. Ich glaube, dass ich einen gesteigerten Geschmackssinn habe. Vermutlich ist er zum Teil angeboren, aber zum Teil haben mir auch meine Eltern schon ganz früh dabei geholfen, ihn weiterzuentwickeln, indem sie mir aufregende Gerichte präsentierten. Doch diese Fähigkeit haben wir alle – wir müssen nur lernen, sie zu kultivieren.

Dieses eine Gericht, das ich für die Sendung *Top Chef* gekocht habe, ist ein gutes Beispiel: Dafür nehme ich Fisch, mariniere ihn in Kurkuma und serviere ihn zu einem Koriander-Dill-Salat. Dazu noch etwas rauchige Chorizo-Wurst, und dann, passen Sie auf ... reibe ich weiße Schokolade darüber. Gut, ich gebe zu, das ist kein simples Abendessen für werktags (selbst für mich!), aber es funktioniert, weil all diese verschiedenen Aromen perfekt harmonieren: der Kräutergeschmack des Dills, die rauchige Chorizo und die süße Schokolade. Nachdem er davon probiert hatte, meinte David Cheng, einer der Gast-Juroren: „Mensch, du hast gerade echt die Grenzen verschoben." Und er hatte Recht. Ich wusste, mit diesem Gericht hatte ich es geschafft, aber in Wahrheit war dieses Gericht auch für mich ein riesiger Sprung nach vorn. Ja, ich war daran gewöhnt, unerwartete Dinge zusammenzubringen, aber die ganze *Top-Chef*-Erfahrung hat mich dazu gezwungen, das noch weiterzuentwickeln, meine eigenen Grenzen auszuloten und zu erweitern, indem ich mich über die Geschmackskombinationen hinauswagte, mit denen ich vertraut war. Es hat mich zu einem mutigeren Koch gemacht. Und genau dabei möchte ich Ihnen mit diesem Buch helfen. Ich möchte Sie darin unterstützen, die Grenzen ihres Wohlfühlbereichs zu erweitern, um eine aufregendere Beziehung zu Essen einzugehen. Ich möchte Sie ermutigen, beim Kochen ausgefallenere Dinge auszuprobieren und auch Rezepte und Zutaten aus einer anderen Perspektive zu betrachten, die Gerichte nach Geschmacksrichtungen zu analysieren und letztlich einfach mehr Spaß in der Küche und am Esstisch zu haben.

Ich will Ihnen hier nicht vorschlagen, Curry-Kaviar mit Schokolade zu servieren (obwohl das eine köstliche Kombination ist, also warum nicht?), aber Sie können Ihre Kochkünste wesentlich verbessern, wenn Sie die große Welt der Aromen verstehen lernen. Wein ist da ein wunderbares Beispiel: Wenn man den Wein im Glas schwenkt und daran schnuppert, erlebt man zuerst den Duft, das Bouquet, das Aroma – dieser feine Geruch, der die Geschmacksnerven kitzelnd darauf vorbereitet, was als Nächstes kommt. Dann der erste kleine Schluck, wenn man den Geschmack auf der Zunge spürt und versucht, diese vielfältigen Aromen einzuordnen: Brombeeren, Schokolade, Zitrus, vielleicht ein Hauch Vanille. Dann ordnet das Gehirn diese vertrauten Dinge größeren Kategorien zu: süß, bitter, erdig, rauchig. Was man da beim Wein tut, ist das Herausschmecken unterschiedlicher Aromen – und genau das schlage ich auch für den Umgang mit Essen vor. Fangen Sie an, darüber nachzudenken, welche Geschmacksrichtungen zusammenpassen würden und mit welchen Zutaten sich das verwirklichen lässt. Ja, es ist eine andere und etwas aufwändigere Methode, ein Abendessen zusammenzustellen, aber es ist gleichzeitig sexy und verführerisch.

Wir essen jeden Tag, unser ganzes Leben lang. Sollten unsere Speisen, unsere Nahrung, da nicht so aufregend wie möglich sein? Ich finde schon. Und ich glaube, dass mit ein bisschen Wissen und ein wenig Anleitung jeder etwas kochen kann, das die Sinne weckt und den Alltag erhellt – oder einfach auch nur köstlich schmeckt.

Süße Tomatensuppe mit Curry-Schlagsahne

Jakobsmuschel-Bananen-Tatar mit Jalapeño-Vinaigrette

Kalte Ramen-Nudeln mit Wassermelonentee

Gegrillte Entenbrust mit Honig-Pfeffer-Glasur

Saigon-Burger mit Ingwer und Thai-Basilikum-Mayonnaise

Schmorrippchen mit Zitronengras-Honig

Langsam gegarter Schweinebauch auf asiatische Art

Gebackener Butternut-Kürbis mit Würzkaramell

Gegrillter Mais mit süßen Kokosflocken und scharfer Mayo

Rasureis mit Grünteesirup

Vanille-Kardamom-Tapiokapudding

Schokoladen-Brownie mit Palmzucker-Toffee und Chai-Milchshake

Zwiebelmarmelade mit Kurkuma

Wacholder-Semmelbrösel mit kandiertem Ingwer

Weiße Schokoladensauce mit Curry

Süß

Süß | Meine Inspiration

Noch ehe ich über die Schwelle getreten war, konnte ich das Zischen, das Knacken und Knallen von heißem Öl in der Pfanne bereits hören. Ich war damals noch zu klein, um die Gerüche zu kennen oder benennen zu können – Lorbeer, Koriander, Chili, Kreuzkümmel, Oregano –, aber sie hüllten mich ein. Am liebsten hätte ich die duftende Luft gegessen. Die Küche meiner Tante Carmen in Queens, New York, war als Kind meine Rettung. Während meine Schwestern und Cousins draußen spielten, zog ich mir einen Hocker herbei, kletterte hinauf und sah wie gebannt zu, während sie die einfachsten Zutaten in außergewöhnliche, exotische Gerichte verwandelte: Bacalao, Mofongo, schwarze Bohnen mit Reis – es waren traditionelle dominikanische Gerichte, die sie da zubereitete. Ihre Kochkunst, ihre Liebe und ihre Energie umfingen mich. Ich konnte es beinahe spüren: eine süße, warme Umarmung von Aromen und Düften.

Ich vermute, jeder Koch hat seinen persönlichen Nordstern: einen Menschen, der sie oder ihn mehr inspiriert als alle anderen.

Für mich ist dieser Mensch Tante Carmen. Für sie war der Akt der Zubereitung genauso wichtig, wenn nicht gar wichtiger als das Essen selbst. Obwohl sie schon vor vielen Jahren gestorben ist, ist sie jeden Tag, wenn ich die Küche betrete, bei mir und erinnert mich daran, weshalb ich das tue, was ich tue – denn auch wenn Essen Nahrung bedeutet, steht es doch auch für Liebe, Schönheit und Leidenschaft. Tante Carmens Geschenk an mich war die Erkenntnis, dass Essen die Kraft besitzt, uns alle zu verbinden. Über Essen gebe ich etwas von meiner Person, durchs Kochen bringe ich Glücksgefühle in die Welt; indem ich etwas Köstliches kreiere, etwas, das den Menschen bewusst macht und sie daran erinnert, dass sie lebendig sind.

Die Nachmittage in Tante Carmens Küche haben mich geprägt, denn sie haben mir die Augen für die Freude geöffnet, die Kochen und Essen bieten, die Wärme und Lebendigkeit, die ein liebevoll zubereitetes Mahl spenden kann, und die Süße eines Lebens, in dem man das tut, was man liebt – für die, die man liebt. Das war alles ganz anders als bei mir zu Hause, wo das Leben unglaublich geordnet und oft angespannt war. Mein Vater war sehr streng. Er stammte aus einer Militärfamilie, und seine Herangehensweise an unser Familienleben spiegelte diesen Einfluss. Ich wurde nachdrücklich dazu ermuntert, klassische Musik zu hören. Und ich lernte, meine Aufgaben ernst zu nehmen, da sonst Strafe drohte. Eine meiner Aufgaben bestand darin, ihm samstags beim Kochen für das große Sonntagsessen nach der Kirche zu helfen. Trotz seines männlichen Gebarens kocht mein Vater nämlich unheimlich gern.

Bei uns zu Hause wurde Reis zu allem serviert: zu Bacalao, zum Kichererbsen-Tomaten-Eintopf meines Vaters, und pur, mit selbst gemachtem Lorbeer-Essig beträufelt. Es gab am Tisch immer reichlich Reis, was aber auch bedeutete, dass vorher viel Reis gewaschen werden musste. Und

natürlich war das mein Job. Wir hatten eine lange, schmale Holzschüssel, wie ein Schiff oder ein Kanu geformt, in die ich aus einem großen Sack den Reis schüttete. Dann musste jedes Korn einzeln gewaschen werden. Es war mühsam und Furcht einflößend, denn wenn nicht jedes Korn ausreichend gesäubert worden war, bekam ich Ärger. Ich weiß noch genau, wie sich diese Schüssel unter meinen Fingerspitzen angefühlt hat. Die alte Maserung des Holzes, der Stärkegeruch des Reises, während ich jedes Korn unter fließendes Wasser hielt.

Im Gegensatz zu Tante Carmens Küche waren diese Stunden in der Küche nicht froh und berauschend, sondern voll gemischter Gefühle. Ich hatte Angst, meine Sache nicht gut zu machen, aber ich bemühte mich immer, den Erwartungen meines Vaters gerecht zu werden. Im Rückblick weiß ich, dass uns diese Erlebnisse verbunden haben, weil wir gemeinsam etwas erschaffen haben. Es war außerdem ein wichtige Lektion, sich nicht mit weniger als der eigenen Höchstleistung zufrieden zu geben.

Diese beiden gegensätzlichen Erfahrungen zum Thema Kochen haben mich geprägt. Ich wäre nie der Koch, der ich heute bin, ganz zu schweigen vom Menschen, wenn sie nicht gewesen wären. Das Leben steckt voll unterschiedlicher Erlebnisse. Für mich sind sie wie Aromen: Manchmal scheinen sie sich nicht gut zu vertragen, aber sobald man die richtige Balance findet, dann ergeben sie zusammen etwas viel Komplexeres, auf das man im Idealfall auch noch stolz sein kann. Und manchmal, wenn das Leben so läuft, wie es soll, dann überwiegen die süßen Erfahrungen die anderen gerade so viel, dass sie einen weiterbringen und stärker machen.

Süße Tomatensuppe
mit Curry-Schlagsahne

4 Portionen Zubereitung: ca. 1 Std. Geschmack: süß/säuerlich/scharf

Diese Suppe kommt eigentlich immer gut an, vermutlich weil schon der erste Löffel an die eigene Kindheit erinnert. Beim zweiten Löffel fällt die samtige Konsistenz auf. Dann schmeckt man eine komplexe Vielfalt von Aromen hinter den süßen Tomaten – scharfer Ingwer, cremige Sahne, ein Hauch Curry. Mein Kumpel Jason beschreibt die Suppe als raffiniert, aber vertraut.

3 EL Traubenkernöl
1 EL fein gehackter Knoblauch
1 EL geriebener Ingwer
140 g gewürfelte Zwiebel
785 g italienische Flaschentomaten (püriert) aus der Dose
240 ml Wasser
2 EL Gochujang-Paste (siehe Kasten S. 70)
1 EL grobes Meersalz
3 EL Zucker
120 ml Sahne

1. Das Öl in einem Topf erhitzen. Wenn es anfängt zu glänzen, den Knoblauch und den Ingwer 1–2 Minuten darin andünsten, bis sie anfangen glasig zu werden. Die Zwiebeln hinzufügen und weitere 5–6 Minuten mitbraten, bis auch sie weich und glasig sind.

2. Die Tomaten, das Wasser, die Gochujang-Paste, das Salz und den Zucker zugeben. 25 Minuten bei geringer Hitze köcheln lassen, dann vom Herd nehmen.

3. Die Suppe portionsweise im Mixer (oder mit dem Pürierstab direkt im Topf) pürieren, bis sie samtig weich ist. Zum Schluss die Sahne unterrühren.

Curry-Schlagsahne

Currymischung
4 Kardamomkapseln
1 EL Koriandersamen
1 EL Kreuzkümmel
1 EL Kurkumapulver
1 EL weiße Pfefferkörner
1 ½ TL grobes Meersalz

Currysahne
240 ml Sahne
1 EL Zucker
½ EL Currymischung
frische Korianderblätter

1. Alle Gewürze außer Pfeffer und Salz in einer Pfanne ohne Fett bei mittlerer Hitze leicht anrösten. Dabei mit den Kardamomkapseln beginnen und die anderen der Größe nach absteigend hinzugeben. Insgesamt 3–5 Minuten rösten, bis sie alle ihr Aroma entfalten. Die Pfanne dabei immer wieder schütteln. Vollkommen abkühlen lassen. Zusammen mit dem Pfeffer und dem Salz in einer Gewürzmühle sehr fein mahlen. Die Mischung ist luftdicht verpackt bis 3 Monate haltbar.

2. Die Sahne steif schlagen, den Zucker und die Currymischung unterheben und nochmals kräftig durchrühren. Einen Klecks Sahne auf die Suppe geben und mit frischem Koriander garnieren.

Jakobsmuschel-Bananen-Tatar
mit Jalapeño-Vinaigrette

4 Portionen Zubereitung: ca. 20 Min. Geschmack: süß/scharf/säuerlich

Das hier ist eines meiner Lieblingsgerichte. Es ist im Grunde ganz simpel (ohne Kochen zum Beispiel), aber gleichzeitig sehr komplex. Die von Natur aus süßen Jakobsmuscheln und die reife Banane, gepaart mit der Schärfe der Jalapeño-Vinaigrette, sind einfach nur ... köstlich.

Jalapeño-Vinaigrette
1 Jalapeño-Chili, entkernt und gehackt
3 EL Yuzu-Saft (siehe Kasten) oder Zitronen-Saft
2 EL Zucker
3 EL Olivenöl

225 g Jakobsmuscheln
1 grüne Thai-Chili, fein gehackt
1 EL grobes Meersalz
60 ml Olivenöl
1 reife Banane
1 EL Zucker
frisch gemahlener schwarzer Pfeffer
frische Dillzweige

1. Für die Jalapeño-Vinaigrette die Jalapeño, den Saft, den Zucker und das Olivenöl im Mixer glatt pürieren. Dann im Kühlschrank bis zur Verwendung kalt stellen.

2. Das weiße Muskelfleisch der Jakobsmuscheln herauslösen und unter kaltem Wasser abspülen. Mit Küchenkrepp trocken tupfen und in 5 mm große Würfel schneiden. In einer Schüssel mit der Thai-Chili, 2 TL vom Salz und 2 EL Olivenöl gut mischen.

3. Die Banane schälen und in 5 mm große Würfel schneiden. In einer zweiten Schüssel das restliche Salz, das restliche Öl und den Zucker vorsichtig unterheben, ohne die Bananenstücke zu zerdrücken.

4. Einen Löffel voll Bananensalat auf einen Teller geben und eine ordentlich Portion Muscheln daraufgeben. Etwas Pfeffer darüberstreuen und mit etwas Dill garnieren. Vor dem Servieren die Vinaigrette um den Tatar herumträufeln.

Yuzu ist eine japanische Zitrusfrucht, die etwa so groß wie eine Mandarine ist und ziemlich sauer schmeckt. Ich liebe ihren duftenden, säuerlichen Geschmack und verwende sie deshalb in meinen Gerichten sehr häufig. Man bekommt sie nicht überall, aber versuchen Sie es in Delikatessengeschäften, oder bestellen Sie eine Flasche Saftkonzentrat im Internet (z. B. www.mountfuji.co.uk oder www.japancentre.com). Als Ersatz funktioniert aber auch Zitronensaft.

Kalte Ramen-Nudeln
mit Wassermelonentee

4 Portionen Zubereitung: ca. 2 Std. Geschmack: süß/kräuterwürzig

In der Endrunde des *Top-Chef*-Wettbewerbs habe ich dieses Gericht zu Schweinebauch serviert – für den vegetarischen Gang. Ups! Vermutlich war ich wirklich krank! In dieser Version lasse ich den Schweinebauch weg (wie ich es damals auch hätte tun sollen). Ramen-Nudeln kann man wie jede andere Pasta selbst herstellen. Und genau wie alle Nudeln sollten sie einen kleinen Kick haben. Dieses Gericht sollte also wirklich kalt serviert werden. Im Sommer gefriere ich den Tee sogar manchmal ein, so dass er eine festere Konsistenz bekommt.

120 g Mehl
1 TL grobes Meersalz
2 EL Togarashi-Salz (siehe S. 53)
3 Eigelb
2 EL Wasser
Olivenöl
1 Bund Frühlingszwiebeln, diagonal in Ringe geschnitten
frischer Koriander

Wassermelonentee
650 g kernloses, gehacktes Wassermelonenfruchtfleisch
20 g flach geklopftes Zitronengras (ca. 1 Stängel, siehe Kasten S. 31)
ein 5 cm langes Stück Ingwerwurzel, geschält und grob gehackt
1 EL grobes Meersalz
3 EL Zucker
1 rote Thai-Chili, fein gehackt
3 EL Limettensaft
60 ml Wasser

1. Ramen-Nudeln: In einer Küchenmaschine mit dem Knethaken Mehl, Salz und Togarashi-Salz verrühren. Die Eigelbe einzeln unterrühren und danach jedes Mal gründlich durchmischen. Dann das Wasser hinzugeben und 8–10 Minuten kneten, bis der Teig ziemlich fest ist. (Wer von Hand knetet, sollte den Teig auf einer gut bemehlten Arbeitsfläche 10–20 Minuten kneten, bis er eine zähe, feste Konsistenz hat.)

2. Den Teig aus der Schüssel nehmen, einen Fladen formen und in Frischhaltefolie gewickelt mindestens 30 Minuten in den Kühlschrank legen.

3. Für den Wassermelonentee alle Zutaten im Mixer glatt pürieren. In eine große Schüssel füllen, mit Folie abdecken und bei Zimmertemperatur mindestens 30 Minuten ziehen lassen. Den Tee durch ein feines Sieb gießen und im Kühlschrank mindestens 1 Stunde kalt stellen (er sollte wirklich eiskalt sein!).

4. Den Teig aus dem Kühlschrank nehmen und vierteln. Entweder durch eine Nudelmaschine drehen, bis der Teig so dünn wie möglich ist, oder von Hand jedes Stück auf einer gut bemehlten Arbeitsfläche ausrollen, bis es nicht dicker als 3 mm ist. Den Teig gut bemehlen, damit er nicht klebt, dann zu einer langen Rolle aufrollen). Mit einem scharfen Messer hauchdünne Scheiben abschneiden – etwa 3 mm breit – die dann zu Nudeln gerollt werden.

5. Einen großen Topf voll Salzwasser zum Kochen bringen. Die Nudeln darin ca. 2 Minuten kochen, bis sie gerade weich sind. Abgießen, in eine Schüssel füllen und 1–2 EL Olivenöl daruntermischen, damit sie nicht kleben. 20 Minuten in den Kühlschrank stellen.

6. Zum Servieren die gekühlten Nudeln auf vier Suppenschälchen verteilen und den eiskalten Wassermelonentee darübergießen. Mit den Frühlingszwiebeln und dem Koriander garnieren.

Gegrillte Entenbrust
mit Honig-Pfeffer-Glasur

4 Portionen Zubereitung: ca. 30 Min. Geschmack: süß/salzig/kräuterwürzig

Normalerweise stehe ich total auf frische Kräuter und Gewürze, aber Thymian und Oregano machen da die Ausnahme. In trockenem Zustand werden ihre flüchtigen Öle besonders intensiv, was ich daran so schätze. Hier habe ich für die Glasur getrockneten Thymian verwendet (den man in vielen Gerichten Vorderasiens findet), dessen Kräutergeschmack einfach unglaublich gut zur gegrillten Ente passt. Obwohl es sich um ein rustikales Gericht handelt, schmeckt es edel und ist deshalb perfekt für einen besonderen Anlass oder eine Grillparty am Wochenende.

Honig-Pfeffer-Glasur
265 g italienischer oder anderer hochwertiger Honig
1 TL grobes Meersalz
2 EL getrockneter Thymian
1 EL frisch gemahlener schwarzer Pfeffer

4 kleine Entenbrustfilets (Peking- oder Moschusente, siehe Kasten)
grobes Meersalz
frisch gemahlener schwarzer Pfeffer

1. Für die Honig-Pfeffer-Glasur den Honig in einem kleinen Topf bei mittlerer Hitze erwärmen. Salz, Thymian und Pfeffer hineinrühren. Vom Herd nehmen und beiseite stellen.

2. Einen Grill oder eine Grillpfanne auf mittlerer Stufe erhitzen. Die Entenbrust mit Küchenkrepp trocken tupfen und die Fleischseite ordentlich mit Salz und Pfeffer würzen.

3. Die Ente mit der Fettschicht nach unten auf den Grill legen und ca. 8 Minuten grillen, bis das Fett herausgeschmolzen ist. Die Entenbrust dann umdrehen und weitere 2–4 Minuten braten.

4. Das Fleisch auf ein Schneidbrett legen und auf beiden Seiten mit der Honig-Pfeffer-Glasur bestreichen, so dass es vollkommen überzogen ist (die übrige Glasur in ein Schüsselchen füllen, um am Tisch noch etwas davon übers Fleisch zu träufeln). Lassen Sie das Fleisch vor dem Schneiden einige Minuten ruhen, danach diagonal in dicke Streifen schneiden. Die Fleischstücke auf einem großen Teller anrichten und mit der restlichen Glasur servieren.

Moschus- und Pekingenten müssen wegen ihres Fettanteils etwas unterschiedlich behandelt werden. Wenn Sie für dieses Gericht Moschusentenbrust verwenden, können Sie die Fettseite salzen und 20–30 Minuten ruhen lassen, um etwas von der Flüssigkeit herauszuziehen, damit die Haut knusprig wird. Bei Pekingente müssen Sie sich die Mühe nicht machen.

Saigon-Burger
mit Ingwer und Thai-Basilikum-Mayonnaise

4 Portionen Zubereitung: ca. 45 Min. Geschmack: süß/kräuterwürzig/säuerlich

Burger sind meine neue Leidenschaft. Dabei geht es mir vor allem um die Zusammensetzung. Deshalb verwende ich in meinem Rezept auch etwas fetthaltigeres Brustfleisch, um die Auflagen besonders köstlich zu machen. Und statt am Schluss Ketchup hinzuzufügen, bestreiche ich sie während des Bratens mit einer süß-säuerlichen Glasur, so dass das Hackfleisch vom Geschmack durchdrungen wird.

Ingwer-Glasur
4 EL gehackter Ingwer
2 EL gehackter Knoblauch
2 EL Zucker
120 ml leichte Sojasauce
2 EL geröstetes Sesamöl

Thai-Basilikum-Mayonnaise
50 g Thai-Basilikum Blätter
225 g Mayonnaise
1 TL grobes Meersalz
1 Eiswürfel

450 g Rindfleisch, vorzugsweise Filet oder vom Kamm
115 g Rinderbrust
2 EL grobes Meersalz
4 Burgerbrötchen
50 g klein geschnittener Eisbergsalat
½ rote Zwiebel, in dünne Ringe geschnitten
frisches Thai-Basilikum
frischer Koriander
frische Minze
Sriracha-Sauce

1. Zuerst die Ingwerglasur zubereiten: Ingwer, Knoblauch, Zucker, Sojasauce und Sesamöl im Mixer glatt pürieren.

2. Für die Mayonnaise reichlich gesalzenes Wasser in einem mittelgroßen Topf erhitzen. Währenddessen eine Schüssel mit Eiswasser bereitstellen. Wenn das Wasser den Siedepunkt erreicht hat, das Thai-Basilikum darin 20 Sekunden blanchieren, bis es welk wird. Abgießen und die Blätter sofort ins Eiswasser geben, um den Garprozess zu stoppen. Die Blätter herausnehmen und die Flüssigkeit herausdrücken. Zusammen mit der Mayonnaise, dem Salz und dem Eiswürfel in einen Mixer geben und glatt pürieren.

3. Einen Grill oder eine Grillpfanne erhitzen. Beide Fleischsorten in Stücke schneiden und mit dem Salz in einer Küchenmaschine klein häckseln. Das Fleisch sollte zwar gehackt sein, aber seine Konsistenz nicht verlieren. 4 Burger-Auflagen formen. Gut zusammendrücken, damit sie beim Braten nicht zerfallen.

4. Von beiden Seiten mit der Glasur bestreichen. An der heißesten Stelle des Grills so lange grillen, bis sie sich leicht vom Rost lösen lassen. Vorsichtig umdrehen, wieder bestreichen und weiterbraten. Soll das Fleisch noch sehr rosa sein, ca. 3 Minuten pro Seite, jeweils eine weitere Minute pro Seite, wenn es garer sein soll. Wenn die Burger fertig sind, wieder mit der Glasur bepinseln.

5. In der Zwischenzeit die Brötchen toasten und aufgeklappt auf einen Teller legen. Beide Teile mit der Thai-Mayonnaise bestreichen, den Salat, die Zwiebelringe und einige Thai-Basilikum-, Koriander- und Minzeblätter darauf verteilen. Das Fleisch darauflegen, mit der Sriracha-Sauce beträufeln und die andere Brötchenhälfte darauflegen.

Schmorrippchen
mit Zitronengras-Honig

4 Portionen Zubereitung: ca. 4 Std. Geschmack: süß/salzig/kräuterwürzig

Ich verwende für viele meiner Schmorgerichte Ananas. Erstens, weil sie einen tollen Geschmack hat – in diesem Rezept gibt ihre Fruchtsüße zusammen mit dem Zitronengras und dem Honig eine sehr exotische, unerwartete Note. Aber ich verwende sie auch wegen ihrer Enzyme und des Bromelain-Gehalts gerne. Ohne allzu chemisch zu werden: Das Bromelain zerkleinert die Proteinstrukturen im Rindfleisch, wodurch diese Rippchen extrem zart und wunderbar schmackhaft werden.

2,3 kg kurze Rinderrippchen ohne Knochen
2 EL grobes Meersalz
2 EL Traubenkernöl
ein 5 cm langes Stück Ingwer, halbiert
20 g (etwa 1 Stängel) flach geklopftes Zitronengras
250 g grob gehackte frische Ananas (mit Schale)
240 ml Sojasauce
3,8 l hochwertige Hühnerbrühe

Zitronengras-Honig
160 g (6–8 Stängel) flach geklopftes Zitronengras
1 EL grobes Meersalz
530 g italienischer oder anderer hochwertiger Honig

1. Den Ofen auf 150 °C/Gas Stufe 2 vorheizen.

2. Die Rippchen mit Küchenkrepp trocken tupfen und mit reichlich Salz würzen. Das Öl in einem großen, tiefen Schmortopf erhitzen. Wenn es beginnt zu schillern, die Rippchen von allen Seiten 12–15 Minuten scharf anbraten. Wenn nötig portionsweise arbeiten, damit sie schön braun werden. Anschließend beiseite stellen.

3. In der Zwischenzeit den Ingwer bei mittlerer Hitze in einer kleinen Pfanne von allen Seiten anbraten (dadurch schmeckt die Brühe nachher intensiver und interessanter).

4. Im Schmortopf Zitronengras, Ananas, Sojasauce, Hühnerbrühe und Ingwer auf niedriger Stufe zum Köcheln bringen. Die Rippchen hineinlegen und mit einem Deckel oder Alufolie abdecken. In den Backofen schieben und 2,5–3 Stunden schmoren lassen, bis das Fleisch zart ist.

5. Für den Honig das flach geklopfte Zitronengras sehr fein schneiden. Mit dem Salz und Honig auf mittlerer Stufe in einem Topf erhitzen. Wenn die Flüssigkeit anfängt zu schillern, die Hitze herunterdrehen und weitere 10 Minuten kochen lassen. Vom Herd nehmen.

6. In einen Mixer geben und glatt pürieren. Bis zur Verwendung im Kühlschrank aufbewahren. (Ich esse den Honig gerne so wie er ist, aber wer mag, kann ihn durch ein feines Sieb streichen, um mögliche Faserreste zu entfernen.)

7. Die fertigen Rippchen herausnehmen und beiseite stellen. Die Schmorflüssigkeit durch ein feines Sieb zurück in den Topf gießen. Bei mittlerer Hitze einkochen, dabei häufig umrühren, bis sie die Konsistenz von Sahne hat und am Löffel kleben bleibt. Die Rippchen hineingeben und in der Sauce wenden.

8. Den Grill im Backofen einheizen. Die Rippchen auf ein Backblech legen, mit der Glasur bepinseln und 2–3 Minuten grillen. Dabei aufpassen, dass sie nicht verkohlen. Sofort servieren.

Um das ganze köstliche Aroma von Zitronengras freizusetzen, zerquetsche ich die Stängel vor dem Zerkleinern, indem ich sie mit dem Rücken eines großen Messers flach hämmere – der Stängel sollte dabei etwas aufbrechen.

Langsam gegarter Schweinebauch auf asiatische Art

2–4 Portionen Zubereitung: ca. 2 Std. Geschmack: süß/salzig/nussig

Dieses wunderbar saftige, gegrillte Schweinefleisch ist sehr reichhaltig und ganz einfach zuzubereiten. Die Mischung aus süßen, salzigen und nussigen Aromen kennt man eher aus dem Restaurant, aber seltener aus der eigenen Küche. Ich verwende hierfür gerne Sambal – eine scharfe Chili-Paste –, um der Süße etwas entgegenzusetzen. Dazu serviere ich Reis, sauer eingelegtes Gemüse und einen frischen Kräutersalat.

450 g Schweinebauch
720 ml Wasser
240 ml leichte Sojasauce
60 ml Sesamöl
340 g Zucker
90 ml Hoisin-Sauce
frischer Koriander
gerösteter Sesam

1. Einen Grill oder eine große Pfanne vorheizen. Den Schweinebauch mit der Hautseite nach unten so lange grillen, bis er leicht schwarz wird, oder bei starker Hitze braten, bis die Haut goldbraun wird. Auf einen Teller geben und beiseite stellen.

2. Den Ofen auf 180 °C/Gas Stufe 4 vorheizen.

3. In einer großen ofenfesten Form mit Deckel das Wasser, die Sojasauce, das Sesamöl, den Zucker und die Hoisin-Sauce mischen. Auf mittlerer Stufe zum Köcheln bringen.

4. Den Schweinebauch hineingeben, zudecken und im Ofen etwa 1,5 Stunden garen, bis das Fleisch zart ist. Dabei alle 30 Minuten überprüfen, ob der Flüssigkeitspegel zu tief scheint und gegebenenfalls Wasser nachfüllen. Wenn das Fleisch gar ist, den Deckel herunternehmen und so lange weiterbacken, bis die Haut sich bräunt und die Farbe von Madeirawein annimmt.

5. Auf einem Schneidbrett abkühlen lassen. In der Zwischenzeit die Garflüssigkeit in einen Topf abseihen und so lange einkochen, bis sie die Konsistenz von Sirup hat.

6. Zum Servieren den Schweinebauch in dünne Scheiben schneiden, mit der Glasur beträufeln und einige Korianderblätter und etwas Sesam darüberstreuen.

Gebackener Butternut-Kürbis
mit Würzkaramell

4–6 Portionen   Zubereitung: ca. 1 Std.   Geschmack: süß/erdig/bitter

Als ich klein war, war Thanksgiving mein liebster Feiertag. Meine Cousins aus Michigan fuhren 13 Stunden zu uns nach Connecticut zu einem großen Familienfußballturnier und einem üppigen Mahl. Nachdem wir stundenlang in der Kälte getobt hatten, freute ich mich am meisten auf das Kürbisgericht. Das hier ist meine neue Variante des Familienklassikers – derselbe süßliche Kürbis, aber mit einigen wunderbar warmen Herbstgewürzen und einem besonderen Kick durch Karamell.

2 Butternut-Kürbisse
2 TL grobes Meersalz
1 TL Chiliflocken
60 ml Olivenöl

gewürztes Karamell
4 Nelken
3 Pimentkörner
½ TL grobes Meersalz
100 g brauner Zucker
120 ml Crème double
30 g Butter

1. Den Backofen auf 180 °C/Gas Stufe 4 vorheizen.

2. Die Kürbisse halbieren und mit einem Löffel alle Kerne und Fasern herauskratzen und entsorgen. Das Innere der Kürbisse mit dem Salz und den Chiliflocken würzen und das Öl darüberträufeln. Mit der Schnittseite nach unten in eine Bratform oder auf ein Backblech legen und 30–45 Minuten backen, bis sie bei der Gabelprobe weich sind.

3. In der Zwischenzeit die Nelken und das Piment in einer kleinen Pfanne bei mittlerer Hitze etwa 2 Minuten leicht anrösten, bis sie ihr Aroma entfalten. Vollkommen abkühlen lassen und dann mit dem Salz in einer Gewürzmühle fein mahlen.

4. Den braunen Zucker in einem kleinen Topf unter ständigem Rühren bei mittlerer Hitze karamellisieren lassen. Wenn der Zucker sich bernsteingelb verfärbt, die gemahlenen Gewürze unterrühren. Dann sofort die Crème double dazugeben – Achtung: Die Mischung schäumt hoch – gefolgt von der Butter. 3–4 Minuten weiterkochen, bis das Karamell eine saucenähnliche Konsistenz hat. Beiseite stellen und wenn nötig vor dem Servieren auf kleiner Flamme wieder erwärmen.

5. Wenn der Kürbis fertig ist, große Stücke mit dem Löffel herauslösen und in eine Schüssel geben. Die Sauce darübergießen und servieren.

Gegrillter Mais
mit süßen Kokosflocken und scharfer Mayo

4 Portionen   Zubereitung: ca. 30 Min.   Geschmack: süß/scharf/rauchig

Wir haben früher in Durham, Connecticut, oben auf einem Berg direkt neben einem scheinbar endlosen Maisfeld gewohnt – so weit ich blicken konnte, erstreckten sich die Maispflanzen bis in die Ferne. Dieses Gericht erinnert mich an dieses endlose Maisfeld. Während man die Süße noch auf der Zunge hat, lässt einen der rauchige Geschmack der Chipotle an die brutzelnden Maiskolben auf dem Grill denken. Ich persönlich mag die leicht verbrannte Note, deshalb grille ich den Mais immer so lange, bis er an einigen Stellen schon schwarz wird. Dieses Raucharoma finde ich absolut berauschend – wenn ich könnte, würde ich es in Flaschen abfüllen.

4 Maiskolben (geschält)
55 g Butter
2 Zweige frischer Thymian
10 g gesüßte Kokosflocken, leicht geröstet

Scharfe Mayo
480 g Mayonnaise
4 EL Sriracha-Sauce
1 EL grobes Meersalz

1. Einen Grill vorheizen.

2. Wasser in einem großen Topf aufsetzen. Den Mais, die Butter und den Thymian hinzufügen und zum Kochen bringen. So lange auf kleiner Flamme köcheln lassen, bis der Mais weich ist (ca. 10 Minuten). Vom Herd nehmen, abgießen und den Mais bis zum Grillen beiseite legen.

3. Während der Mais gart, die scharfe Mayo zubereiten: Die Mayonnaise, die Sriracha-Sauce und das Salz im Mixer glatt pürieren.

4. Die Maiskolben grillen, dabei gelegentlich wenden, bis sie ringsherum schön gebräunt sind. Mit einer Portion der scharfen Mayo bestreichen und mit den Kokosflocken bestreuen. Fertig.

Rasureis
mit Grünteesirup

4 Portionen   Zubereitung: ca. 30 Min.   Geschmack: süß/scharf/rauchig

Rasureis ist in Asien sehr beliebt, und an einem heißen Sommertag gibt es kaum etwas Besseres. Ich füge diesem Eis als exotische Geschmacksnuance gerne noch etwas Grünteesirup zu. Und ja, Sie haben richtig gelesen: Am Schluss nehme ich eine Handvoll Fruity Pebbles (siehe Tipp unten) und streue sie darüber. Diese süßen, knusprigen kleinen Puffreiskörner geben dem Dessert den besonderen Kick. Dazu noch etwas frisches Obst, und der Genuss ist perfekt.

100 g Zucker
120 ml Wasser
½ TL grobes Meersalz
120 ml grüner Tee
450 g Eiswürfel
Fruity Pebbles Frühstückszerealien (siehe Tipp)
frisches Obst nach Wunsch, z. B. Erdbeeren, Kiwi, Ananas, in kleine Stücke geschnitten

1. Auf mittlerer Stufe Zucker, Wasser und Salz in einem Topf zum Kochen bringen, dann auf kleiner Flamme köcheln lassen. Den grünen Tee hinzufügen, wieder kurz zum Köcheln bringen und anschließend in eine Schale oder einen Krug füllen und kühlen, bis die Flüssigkeit eiskalt ist.

2. Die Eiswürfel portionsweise in einem Eiscrusher fein zerkleinern. Eine Tasse oder kleine Suppenschüssel mit gecrushtem Eis füllen und den Grünteesirup darübergießen. Mit Fruity Pebbles bestreuen und nach Wunsch mit frischem Obst servieren.

Tipp: Die bunte „Fruity Pebbles"-Puffreismischung mit Fruchtgeschmack kann man online bestellen.

Vanille-Kardamom-Tapiokapudding

4 Portionen **Zubereitung: ca. 1 Std.** **Geschmack: süß/erdig/salzig**

Süß, cremig, sexy. Vertrauen Sie mir: Das hier ist nicht so, wie Sie sich Tapioka vorstellen. Ich bereite den klassischen Tapioka-Pudding mit exotischer Vanille, Kardamom und Sternanis zu, um ihm eine ganz moderne Note zu geben. Wenn Sie möchten, können Sie auf jede Portion noch einen Klecks Schlagsahne geben. Ich persönlich würde sogar für Schlagsahne mit Kardamom plädieren, um den Gewürzfaktor noch zu erhöhen – dazu einfach einen Teelöffel Kardamompulver unter die Sahne rühren.

150 g Perltapioka
960 ml Milch oder Sojamilch
240 ml Kokoswasser
100 g Zucker
1 aufgeschnittene Vanilleschote
6 Kardamomkapseln
1 Sternanis
½ TL grobes Meersalz
Schlagsahne (bei Bedarf)

1. Die Tapiokakügelchen abspülen und 20 Minuten in Wasser einweichen, um den äußeren Stärkemantel zu entfernen.

2. In der Zwischenzeit die Milch, das Kokoswasser, den Zucker, die Vanilleschote, die Kardamomkapseln, den Sternanis und das Salz in einem großen Topf sanft zum Kochen bringen. Dann auf kleiner Flamme 20 Minuten leise köcheln lassen.

3. Mit einer Schaumkelle die Gewürze herausfischen und wegwerfen. Die Tapioka abgießen und in die Milchmischung geben. Weiterhin auf kleiner Flamme garen, bis die Kügelchen glasig sind (25–30 Minuten). In eine Schüssel füllen und mindestens 20 Minuten in den Kühlschrank stellen.

4. Den Pudding auf 4 Dessertteller geben und, wenn gewünscht, vor dem Servieren mit Schlagsahne verzieren.

Schokoladen-Brownie
mit Palmzucker-Toffee und Chai-Milchshake

6–8 Portionen   Zubereitung: 2 Std.   Geschmack: süß/nussig/erdig

Malaysischer Palmzucker heißt Gula Melaka. Mit seinem intensiven molasseähnlichen Geschmack schmeckt er ganz ähnlich wie brauner Zucker. Durch ihn bekommt das Toffee hier eine kräftige, erdige Note, die ich interessanter finde als die traditionelle Variante. Doch so lecker das Sahnekaramell und die Brownies auch sind, in gewisser Weise rundet für mich der Chai-Milchshake das Ganze erst so richtig ab. Mein guter Freund Ricky sagt immer, dass ihn ein Milchshake an die letzten, köstlichen Tropfen Milch in der Schüssel erinnert, die nach dem Auslöffeln der Frühstücksflocken übrig bleiben.

225 g Butter
Traubenkernöl zum Einfetten
200 g Zucker
260 g Mehl
50 g ungesüßtes Kakaopulver
1 ½ TL grobes Meersalz
1 TL Backpulver
3 große Eier

Toffee
400 g Zucker
4 EL Gula Melaka (Palmzucker)
½ TL grobes Meersalz
240 ml Crème double
55 g Butter, in kleine Stücke geschnitten

1. Die Butter in einem kleinen Topf zerlassen und beiseite stellen.

2. Den Backofen auf 180 °C/Gas Stufe 4 vorheizen und eine 20 cm große quadratische Backform leicht mit Öl auspinseln. Den Zucker, das Mehl, das Kakaopulver, das Salz und das Backpulver in einer Schüssel mischen. Die Eier einzeln zugeben, dazwischen immer gründlich verrühren. Zum Schluss die Butter hinzufügen und alles zu einem glatten Teig verarbeiten.

3. Den Teig in die vorbereitete Form füllen und 25 Minuten backen, bis nichts mehr am Holz kleben bleibt, wenn man mit einem Zahnstocher in die Mitte sticht. Auf Zimmertemperatur abkühlen lassen und in Stücke schneiden.

4. Während die Brownies backen, für das Toffee den Zucker, den Palmzucker und das Salz in einem Topf bei mittlerer Hitze erwärmen. Dabei regelmäßig umrühren, bis der Zucker geschmolzen ist, zu karamellisieren beginnt und sich bernsteingelb verfärbt. Die Crème double hinzugeben – Achtung: Die Mischung schäumt hoch. Sobald sich die Blasen zurückgebildet haben, die Butter Stück für Stück zufügen. Dann auf niedriger Stufe 2 Minuten kochen, bis die Konsistenz von dicker Sahne erreicht ist. Vom Herd nehmen.

5. Die Toffeemischung über die Brownies träufeln und mit einem Glas Chai-Milchshake servieren.

Chai-Milchshake

175 g Basmatireis
4 Kardamomkapseln
2 Sternanis
50 g Zucker
720 ml Milch
50 g Eis

1. In einem mittelgroßen Topf mit Deckel den Reis leicht anrösten. Den Topf dabei immer wieder schütteln, bis die Körner anfangen zu duften und leicht braun werden. Den Kardamom und den Sternanis hinzufügen und weiterrösten. Aufpassen, dass der Reis nicht anbrennt.

2. Den Zucker und die Milch in den Topf geben. Sobald die Flüssigkeit zu köcheln beginnt, vom Herd nehmen. Zudecken und 10 Minuten ziehen lassen, damit sich der Geschmack voll entfalten kann. Die Milch dann durch ein feines Sieb in eine große Schüssel gießen, um den Reis und die Gewürze zu entfernen, und ca. 15 Minuten kalt stellen.

3. Zum Schluss im Mixer mit dem Eis fein aufschlagen. Bis zum Servieren kalt stellen.

Zwiebelmarmelade mit Kurkuma

6–8 Portionen Zubereitung: ca. 30 Min. Geschmack: süß/scharf/würzig

Diese asiatische Alternative zu Gelee serviere ich im Restaurant als Kondiment zu Fisch und Hühnchen, aber zu Hause peppe ich damit meine belegten Brote auf. Die Geschmackskombi aus Erdnussbutter, Zwiebelmarmelade und Kimchi versetzt mich nach Asien, ohne dafür die Flugmeilen absitzen zu müssen.

3 EL Traubenkernöl
1 EL Senfkörner
2 EL Kurkumapulver
275 g Zwiebelringe
3 EL fein gehackter Knoblauch
3 EL fein gehackter Ingwer
100 g Zucker
60 ml Reisessig
2 EL grobes Meersalz

1. Das Öl in einer mittelgroßen Pfanne erhitzen und die Senfkörner darin ca. 30–60 Sekunden leicht anrösten, bis sie aufplatzen.

2. Die Kurkuma, die Zwiebeln, den Knoblauch und den Ingwer unterrühren. 6–8 Minuten auf niedriger Flamme dünsten, bis die Zwiebeln glasig werden.

3. Den Zucker hinzufügen und weitere 8–10 Minuten kochen, bis die Zwiebeln anfangen zu glänzen. Den Essig zugießen und weitere 5 Minuten kochen, bis die Flüssigkeit etwas eingedickt ist. Mit dem Salz würzen, abkühlen lassen und gleich servieren oder luftdicht verschlossen bis zu 2 Wochen im Kühlschrank aufbewahren.

Wacholder-Semmelbrösel mit kandiertem Ingwer

4–6 Portionen Zubereitung: ca. 20 Min. Geschmack: süß/scharf/blumig

Wacholdergeschmack ist ziemlich blumig, was wunderbar die Süße des kandierten Ingwers ergänzt. Dieses Rezept passt toll zu Lamm, Wild, Rind und sogar Fisch. Ich streue die Brösel sogar über Gratins oder verwende sie statt Croûtons in Salaten. Für ein schnelles Abendessen kann man sie auch einfach unter eine Portion Pasta mischen.

115 g Butter
120 ml Traubenkernöl
85 g Panko (japanisches Paniermehl)
1 TL grobes Meersalz
10 Wacholderbeeren, zerdrückt und grob gehackt
55 g karamellisierter Ingwer, in kleine Würfel geschnitten
1 EL schwarze Pfefferkörner, zerdrückt
2 EL Fleur de Sel oder ein anderes hochwertiges Salz

1. Die Butter und das Öl in einer Pfanne auf mittlerer bis starker Flamme erhitzen. Wenn die Butter schmilzt und das Öl heiß ist, die Hitze zurücknehmen, Panko und Salz hinzufügen und unter häufigem Rühren 6–8 Minuten goldbraun rösten. Mit einer Schaumkelle auf einen Teller löffeln und überschüssiges Fett abgießen.

2. Die Wacholderbeeren, den Ingwer, den Pfeffer und das Salz in einer Schüssel gut vermischen. Die Brösel unterheben und wie gewünscht verwenden.

Weiße Schokoladensauce mit Curry

6–8 Portionen Zubereitung: ca. 15 Min. Geschmack: süß/scharf/würzig

Keine Panik: Curry und weiße Schokolade passen sehr gut zusammen – Sie sind vermutlich nur noch nie auf die Idee gekommen, die beiden zu kombinieren. In Wahrheit sind die warme Würze des Currys und die Süße der Schokolade aber wie für einander gemacht. Ich träufele diese Sauce zum Beispiel gerne über Lachs. Wer für eine Party etwas Besonderes will, tunkt Kartoffelchips mit Barbecue-Geschmack in diese Sauce und garniert sie mit einem Klecks Kaviar.

Currypulver
4 Kardamomkapseln
eine 5 cm lange Zimtstange
4 Nelken
2 TL Koriandersamen
2 TL Kreuzkümmel
1 EL Kurkumapulver
1 TL grobes Meersalz

160 g weiße Schokodrops
720 ml Crème double
1 TL grobes Meersalz

1. Für das Currypulver den Kardamom, den Zimt, die Nelken, den Koriander, den Kreuzkümmel und die Kurkuma in einer Pfanne ohne Fett leicht anrösten. Dabei mit dem größten Gewürz, also den Kardamomkapseln, beginnen und mit dem Kurkumapulver enden. Insgesamt etwa 3–4 Minuten rösten. Die Pfanne immer wieder schütteln. Nachdem die Gewürze vollkommen abgekühlt sind, in einer Gewürzmühle zusammen mit dem Salz sehr fein mahlen.

2. Die weiße Schokolade im Wasserbad schmelzen und glatt verrühren. Die Crème double, das Salz und 3 EL Currypulver zugeben und weiterkochen, bis sich alles gut verbunden hat. Vom Herd nehmen und servieren oder in einem luftdichten Behälter im Kühlschrank bis zu 2 Wochen aufbewahren. Vor dem Verwenden wieder aufwärmen.

Wassermelonenwürfel mit Thymian

Ziegenkäsefondue

Tostones in Knoblauchöl mit Lorbeersalz

Scharfe Zwiebelringe mit Togarashi-Salz

Spiegelei mit chinesischen Würstchen und gebratenem Reis

General Tsos Kalbsbries

Frittierter Speck mit Ahornsirup

Ramen mit Frühstücksfleisch-Brühe

Kabeljau mit grünen Oliven und Tomaten

Thunfisch auf „Dosenart“

Salziges Pinienkernkrokant

Sake-Cheddar-Käsesauce

Salzig 2

Salzig | Was einen nicht umbringt ...

Wie die Aromen und unterschiedlichen Texturen zusammen ein perfektes Gericht ergeben, so ist auch das Leben selbst voller Kontraste. Als ich bei Top Chef war, habe ich eine solche Bandbreite an Gefühlen erlebt, die teils so sehr im Widerspruch zueinander standen, dass ich sie nur schwer in Worte fassen kann. Wer die Serie gesehen hat, konnte miterleben, wie ich manchmal vor Stolz ganz beschwingt, mitunter aber auch von Krankheit gequält oder vor Dankbarkeit überwältigt war. Aber ich bin stärker daraus hervorgegangen und habe viel gelernt ...

Nachdem wir das Halbfinale hinter uns hatten und unterwegs zu den Juroren waren, um herauszufinden, wer es ins Finale schaffen würde, wurde ich auf einmal furchtbar krank. Bis heute kann ich mich noch gut daran erinnern, wie ich mit den anderen Teilnehmern im Bus in Singapur auf der Autobahn fuhr. Es ging mir prima, bis mich ganz plötzlich das Gefühl überkam – wie eine riesige Welle, die einen hinterrücks erwischt –, dass mir gleich schlecht werden würde. Ich bat den Fahrer anzuhalten und innerhalb von Minuten, ja Sekunden hing ich über der Leitplanke. Ich erinnere mich noch vage daran, wie ich dachte, das darf doch jetzt nicht wahr sein. Als nächstes schoss mir der Gedanke durch den Kopf, dass die anderen im Bus wahrscheinlich dachten, yeah, das ist gut, das ist super, er ist draußen. Als wir schließlich zu den Juroren kamen und Padma verkündete, dass alle zum Tisch kommen sollten, fühlte ich mich immer noch nicht so toll. Ich versuchte, mich zu konzentrieren und zusammenzureißen. Als der Moment der Entscheidung nahte, wollte ein Teil von mir nur noch nach Hause, zu meiner Mutter, all das hinter mir lassen. Aber der andere Teil wusste, wie viel ich geopfert hatte, um an diesen Punkt zu gelangen, und dass es sich um eine Erfahrung handelte, die ich bis zum Schluss erleben wollte. Als sie schließlich eröffneten, dass Kelly nach Hause fahren musste, nicht ich, brach ich zusammen und fing an zu weinen.

Die nächste Aufgabe für uns Finalisten war es nun, das Menü unseres Lebens zu kreieren, und wir bekamen jeder einen Souschef zugeteilt. Zum Glück war das in meinem Fall Hung, der sowohl meine Art von Gerichten als auch die asiatische Küche kannte. Alle anderen verbrachten die Nacht damit, ihre Menüs und Einkaufslisten zusammenzustellen, aber ich wusste, dass ich mich erholen musste, weil ich sonst keine Kraft haben würde anzutreten. Als ich ins Bett ging, war ich mir sicher, dass die Übelkeit bis zum nächsten Morgen vorbei sein würde. Stattdessen ging es mir kein bisschen besser. Mein ganzer Körper tat weh, und ich hatte heftige Kopfschmerzen. Ich ging zu zwei Ärzten, die mir sagten, meine einzige Chance am Wettkampf teilzunehmen, wäre eine Spritze. Mein Herz machte einen Satz, und ich ging das Risiko ein. Die Produzenten erlaubten mir, per Handy mit Hung zu reden, so dass er für mich einkaufen konnte. Und auch wenn ich nicht in der Lage war, das Essen genau zu planen, gab ich ihm allgemeine Anweisungen, was ich brauchen würde, um alles vorzubereiten und zu kochen. Er sorgte dafür, dass alles vorhanden war. Als es dann so weit war, duschte und rasierte ich mich. Dann zog ich Handschuhe und einen Mundschutz an, um die anderen Köche und die Gäste nicht anzustecken, und dachte dabei die ganze Zeit: Hier geht es nicht mehr um dich, hier geht es um deinen Sohn, deine Mutter, deine Tante Carmen, deinen Vater, all die tollen Köche, bei denen du gelernt hast, die Fans, die dich unterstützen, die Produzenten, die an dich glauben. Mir fiel auch wieder ein, was mein alter Baseball Coach früher uns Kinder vor jedem Spiel gefragt hatte: „Wer ist bereit, ein Star zu werden?"

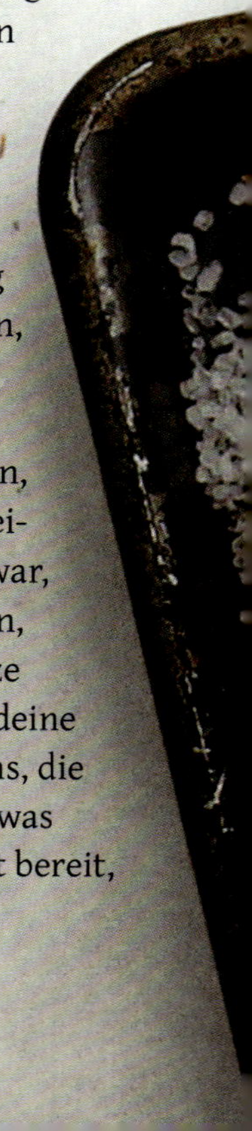

Damals sagte ich immer zu mir: „Ja, ich werde mein Bestes geben." Und das habe ich dann gemacht. Für diesen Wettbewerb habe ich ein völlig verrücktes Menü zusammengestellt: Es fing an mit selbst gemachten Ramen-Nudeln mit gegrilltem Schweinebauch und Wassermelonentee. Als zweiten Gang servierte ich eine Bouillabaisse auf asiatische Art mit gebratener Rotbarbe und gedünstetem Tintenfisch. Dann ließ ich es so richtig krachen: köstliche kurz gebratene Enten-Foie-Gras mit Marshmallows und einem gekühlten, säuerlichen Kirschlikör. Obwohl ich krank war, hatte ich das Gefühl, es ihnen mit diesem Menü so richtig zu zeigen, aber als ich es präsentierte und hörte, wie die Juroren den vegetarischen Gang ausriefen, ging mir bloß durch den Kopf: „Okay, Angelo, du servierst Schweinebauch als vegetarischen Gang".

Als wir dann alle darauf warteten, dass der Gewinner genannt wurde, rechnete ich nicht mehr damit, den Wettbewerb zu gewinnen. Aber ich hatte ohnehin schon erreicht, was ich mir vorgenommen hatte. Als ich mich an den Herd stellte, wusste ich, dass ich bekommen hatte, was ich für mich persönlich gewinnen wollte: Ich hatte alles gegeben – mehr als ich selbst von mir erwartet hätte. Als sie verkündeten, dass Kevin der Top Chef war, fühlte ich mich geehrt, dort mit ihm zu stehen. Jede Emotion, die ich während dieser Reise geschmeckt hatte, war nun ein Teil von mir: Freude, Trauer, Stolz, Demut und vor allem Dankbarkeit. Ja, ich hatte ein paar Tränen vergossen (okay, viele) – man könnte sogar sagen, dass ich eine ganze Menge Salz essen musste –, aber nun konnte ich zufrieden nach Hause gehen.

Wassermelonenwürfel
mit Thymian

4 Portionen Zubereitung: 45 Min. Geschmack: salzig/süß/kräuterwürzig

Ein Sommeressen beginne oder beende ich immer am allerliebsten mit diesen marinierten Wassermelonenwürfeln. Sie kitzeln einerseits die Geschmacksnerven, sind aber gleichzeitig erfrischend genug, um den Gaumen zu neutralisieren. Der Trick ist hier, die Form des Melonenfruchtfleisches zu erhalten, nachdem es geschnitten wurde: Die Würfel sollten immer noch schön erkennbar sein, so dass sie beinahe wie Thunfisch-Sashimi aussehen.

450 g entkerne Wassermelone, in 2,5 cm große Würfel geschnitten
2 TL grobes Meersalz
1 EL frische Thymianblättchen
3 EL Olivenöl
¼ TL frisch gemahlener schwarzer Pfeffer

1. Die Wassermelonenstücke auf einem Backblech ausbreiten, mit dem Salz bestreuen und im Kühlschrank 30 Minuten kalt stellen.

2. Die kalte Melone herausnehmen, den Thymian, das Olivenöl und den Pfeffer hinzufügen und vorsichtig unterheben. Sofort servieren.

Ziegenkäsefondue

4 Portionen Zubereitung: ca. 20 Min. Geschmack: salzig/kräuterwürzig/erdig

Als wir noch klein waren, bekam meine Schwester Lisa an ihrem Geburtstag immer ein Käsefondue – das war eine Familientradition. Es war ebenso Tradition, dass wir sieben Kinder darum kämpften, unsere Gabeln alle gleichzeitig in den Topf zu stecken. Dabei gingen zwangsläufig einige Brotstücke im Käse verloren, und dann wetteiferten wir darum, wer sie wieder herausfischen konnte. Weil ich unheimlich gern an diese Mahlzeiten zurückdenke, wollte ich ein Gericht erfinden, das mich daran erinnert. Während meiner Zeit in der Provence in Frankreich habe ich meine Liebe zu Ziegenkäse entdeckt und deshalb beschlossen, das Fondue-Rezept etwas abzuändern, indem ich eine andere Hauptzutat verwende. Der Ziegenkäse verleiht diesem Lieblingsgericht aus Kindertagen eine etwas edlere Note.

15 g Butter
3 EL gewürfelte Schalotten
2 Zweige frischer Thymian
60 ml trockener Weißwein
1 EL Zucker
240 ml Crème double
450 g Ziegenfrischkäse
½ TL grobes Meersalz
¼ TL frisch gemahlener weißer Pfeffer
Chicoréeblätter oder geröstete Baguettescheiben zum Dippen

1. Die Butter in einem mittelgroßen Topf zerlassen, dann auf kleiner Flamme die Schalotten und den Thymian 3–5 Minuten darin andünsten, bis die Schalotten ganz weich sind.

2. Die Hitzezufuhr etwas erhöhen und den Wein und den Zucker hinzufügen. Unter gelegentlichem Rühren 2–3 Minuten weiterkochen, bis der Wein zur Hälfte eingekocht ist. Dann die Thymianzweige entfernen. Die Crème double zugeben und wieder um die Hälfte reduzieren.

3. Nun bei kleiner Flamme nach und nach den Ziegenkäse hinzufügen, immer etwa 4 EL. Die Hitzezufuhr darf nicht zu stark sein, damit die Masse nicht körnig wird. Mit Hilfe eines Schneebesens oder Holzlöffels so lange weiterrühren, bis die Käsemasse gleichmäßig cremig ist. Zum Schluss mit Salz und Pfeffer würzen. In eine Schale füllen und sofort mit Chicoréeblättern oder gerösteten Baguettescheiben zum Dippen servieren.

Tostones in Knoblauchöl
mit Lorbeersalz

4 Portionen   Zubereitung: ca. 30 Min.   Geschmack: salzig/blumig/scharf

Beim Aufschreiben dieses Rezepts habe ich das Gefühl, wieder zu Hause zu sein. Wie man Kochbananen auf diese Weise zubereitet, habe ich von meiner Tante Carmen gelernt. Dieses Gericht ist typisch für meine Familie und repräsentiert sozusagen meine dominikanische Seite. Von dort stammt auch meine Leidenschaft und Vorliebe für Gewürze. In der dominikanischen Küche sind Lorbeer und Knoblauch fast immer mit von der Partie und werden ganz subtil als Grundgeschmacksnoten verwendet. Allein wenn ich an dieses Rezept denke, rieche ich schon den wunderbaren Duft des Knoblauchöls. Wow – vielleicht mache ich heute Abend selbst eine Portion Tostones.

6 getrocknete Lorbeerblätter
2 EL grobes Meersalz
Traubenkernöl
2 Kochbananen, geschält und in 2,5 cm dicke Scheiben geschnitten
2 EL fein gehackter Knoblauch
Tabascosauce

1. Die Lorbeerblätter und das Salz zusammen in einer Gewürzmühle sehr fein mahlen. Beiseite stellen.

2. 7,5 cm hoch Öl in eine große Pfanne füllen und auf 160 °C erhitzen (mit einem Zuckerthermometer messen). In der Zwischenzeit ein Backblech mit Küchenkrepp auslegen, auf dem die Bananenchips nach dem Frittieren abtropfen können.

3. Wenn das Öl die gewünschte Temperatur erreicht hat, die Kochbananenscheiben darin auf jeder Seite goldgelb braten, insgesamt ca. 3 Minuten. Mit einer Schaumkelle herausnehmen und auf dem Küchenkrepp abtropfen lassen.

4. Mit einer schweren Pfanne die Bananenscheiben etwas flacher klopfen und wieder ins heiße Öl geben. Weitere 3 Minuten frittieren, bis sie knusprig und leicht gebräunt sind. Wieder herausnehmen und sofort mit dem Lorbeersalz bestreuen.

5. In einer kleinen Pfanne 3 EL Öl erhitzen und den Knoblauch darin ca. 1 Minute anschwitzen, bis er sein Aroma entfaltet.

6. Die Tostones auf eine Servierplatte geben, mit dem Knoblauchöl beträufeln, einige Spritzer Tabascosauce darübergeben und sofort servieren.

TSINGTAO

Scharfe Zwiebelringe
mit Togarashi-Salz

4–6 Portionen Zubereitung: ca. 30 Min. Geschmack: salzig/süß/scharf

Diese Zwiebelringe sind außen knusprig und innen süß und zart – genau wie gute Zwiebelringe das sein sollten. Aber das ist das Besondere daran: Sie werden durch eine japanische Würzsalzmischung aufgepeppt. Dadurch bekommen sie eine gewisse Schärfe, etwas Biss und einen Hauch Meeraroma aufgrund der Norialgen. Mit dieser Geschmackskombination lassen sich viele Gerichte würzen, angefangen bei Rühreiern und Fisch bis hin zu Hühnchen – im Grunde alles, was einen Touch Fernost verträgt.

Togarashi-Salz
2 EL schwarze Sesamkörner
20 g Chiliflocken
1 EL getrocknete Orangenschale (siehe Kasten)
3 Blätter Norialgen
½ TL Ingwerpulver
1 EL Sansho- oder Szechuanpfefferkörner
75 g grobes Meersalz

130 g Mehl
1 ½ TL grobes Meersalz
240 ml Wasser
Traubenkernöl
2 große Zwiebeln, in 1 cm dicke Ringe geschnitten

1. Für das Togarashi-Salz die Sesamkörner in einer kleinen Pfanne ohne Fett 2–3 Minuten bei mittlerer Hitze anrösten. Vom Herd nehmen und abkühlen lassen.

2. Den Sesam, die Chiliflocken, die Orangenschale, die Algen, den Ingwer und den Pfeffer in einer Gewürzmühle zusammen fein mahlen. In einer kleinen Schüssel mit dem Meersalz mischen und beiseite stellen.

3. Das Mehl, das Salz und das Wasser in einer Schüssel zu einem glatten Teig verarbeiten.

4. 7,5 cm hoch Öl in eine große Pfanne füllen und auf 160 °C erhitzen (mit einem Zuckerthermometer messen). In der Zwischenzeit ein Backblech mit Küchenkrepp auslegen, auf dem die Zwiebelringe nach dem Frittieren abtropfen können.

5. Wenn das Öl die gewünschte Temperatur erreicht hat, jeden Zwiebelring einzeln in den Teig tauchen und dann portionsweise im heißen Öl 5–7 Minuten ausbacken. Wenn sie goldgelb und knusprig sind, mit einer Schaumkelle vorsichtig herausnehmen und auf dem vorbereiteten Küchenkrepp abtropfen lassen. Großzügig mit dem Togarashi-Salz bestreuen und servieren, so lange sie noch heiß sind.

Für getrocknete Orangenschale die äußere Schicht einer ungespritzten Orange mit dem Sparschäler abschälen. An einem warmen Ort 30–60 Minuten trocknen lassen. Wer in Eile ist, packt die Schale einfach in die Mikrowelle und trocknet sie in 15-Sekunden-Intervallen.

Spiegelei
mit chinesischen Würstchen und gebratenem Reis

2 Portionen Zubereitung: ca. 20 Min. Geschmack: salzig/rauchig/umami

Ich gestehe: Ich liebe Take-away-Essen, egal ob vom Chinesen, vom Thailänder, Vietnamesen oder Japaner. Ich lebe in New York und arbeite zu den seltsamsten Tageszeiten. Da gibt es manchmal einfach nichts Schöneres als eine Nummer zu wählen und das Essen nach Hause gebracht zu bekommen – außer vielleicht übrig gebliebenen Reis einzufrieren und ihn bei Bedarf ruckzuck in dieses köstliche Gericht zu verwandeln. Ich verspreche Ihnen, wenn sie es einmal probiert haben, werden Sie nie wieder Reisreste wegwerfen. Mit diesem ganz simplen Rezept lässt sich schnell etwas Warmes mit asiatischer Note zaubern.

2 große Eier
eine Prise grobes Meersalz
65 g fein gehackte chinesische Wurst, Chorizo oder eine andere würzige Wurst
3 EL Traubenkernöl
2 EL fein gehackter Knoblauch
2 EL geriebener Ingwer
250 g gekochter Reis
60 ml leichte Sojasauce
1 EL Sesamöl
3 EL fein gehackte Frühlingszwiebeln

1. Eine kleine, antihaftbeschichtete Pfanne auf mittlerer Stufe erhitzen. Wenn sie heiß ist, ein Ei hineinschlagen und so lange braten, bis das Eiweiß anfängt fest zu werden. Das Eiweiß leicht salzen, die Wurststückchen daraufstreuen und das Ei vollends gar braten.

2. In der Zwischenzeit einen Wok oder eine tiefe Pfanne stark erhitzen. Dann das Öl zusammen mit dem Knoblauch und dem Ingwer hineingeben und beides ca. 1 Minute anbraten.

3. Das zweite Ei in den Wok schlagen und mit einem Holzlöffel rasch verrühren. Dann den Reis hinzugeben und unter Rühren alles 5 Minuten braten. Mit der Sojasauce würzen. Damit das Sesamöl seinen nussigen Geschmack nicht verliert, erst zum Schluss hinzufügen. Vor dem Servieren das Spiegelei in Stücke oder Spalten (wie bei einer Pizza) schneiden, den Reis in Schalen geben und mit den Spiegeleistreifen und den Frühlingszwiebeln garnieren.

Ein heißer Wok verleiht Gerichten einen einzigartigen Geschmack, genau wie ein Grill. Man nennt das auch den „wok hay", was von „Atem des Drachen" kommt, wegen der richtig hohen Flamme, die den Wok erhitzt. Mit einer normalen Pfanne lässt sich dieser Geschmack zwar nicht erzielen, aber das Gericht ist trotzdem ein Hit – Wok hin oder her!

General Tsos
Kalbsbries

4 Portionen   Zubereitung: 1,5 Std. plus Wässern des Kalbsbrieses über Nacht
Geschmack: salzig/süß/blumig

Wie schon im letzten Rezept erwähnt, bin ich ein Fan von Lieferservice. Wenn ich spät nachts nach Hause komme, dann bestelle ich mir gerne das bei uns in Amerika sehr beliebte General-Tso-Hühnchen. Das hier ist meine persönliche Variante – der einzige Nachteil daran ist, dass man es selber kochen muss.

450 g Kalbsbries
480 ml Milch
480 ml Wasser
130 g Mehl
Traubenkernöl

Cassia-Semmelbrösel
115 g Butter
360 ml Traubenkernöl
85 g Panko (japanisches Paniermehl)
ein 10 cm langes Stück Cassia oder Zimtstange, gemahlen
3 EL Togarashi-Salz (S. 53)
3 EL Orangenschale

General-Tso-Sauce
60 ml Sojasauce
2 EL Calamondinorangensaft oder Zitronensaft
2 EL Gochujang-Paste (siehe Kasten S. 70)
50 g Zucker
1 EL Sesamöl

1. Das Kalbsbries mit der Milch und dem Wasser in eine Schüssel geben, so dass es ganz mit Flüssigkeit bedeckt ist. Wenn nötig, noch etwas Wasser zugeben. Über Nacht wässern.

2. Für die Cassia-Semmelbrösel die Butter und das Öl in einer tiefen Pfanne erhitzen. Die Semmelbrösel hineingeben und unter häufigem Rühren goldbraun anrösten. Ein mit Küchenkrepp ausgelegtes Backblech bereitstellen. Sobald die Brösel braun werden, mit Hilfe einer Schaumkelle herausnehmen und auf dem Küchenkrepp abtropfen lassen. Nach dem Abkühlen in einer Schüssel mit Cassiapulver, Togarashi-Salz und Orangenschale mischen.

3. Das Kalbsbries herausnehmen und unter kaltem Wasser abwaschen, um Blutreste zu entfernen. Einen großen Topf voll reichlich gesalzenem Wasser zum Kochen bringen. Das Kalbsbries darin 15 Minuten kochen. In der Zwischenzeit wieder ein Küchenkrepp-Backblech vorbereiten, auf dem das Bries dann abtrocknen und abkühlen kann. Sobald es sich anfassen lässt, die äußere Schicht (dieser Teil ist sehr hart und zäh) sowie sichtbare Adern entfernen und dann in 2,5 cm große Nuggets schneiden.

4. Während das Kalbsbries kocht, die General-Tso-Sauce vorbereiten: Dazu Sojasauce, Saft, Gochujang-Paste, Zucker und Sesamöl in einem Topf auf mittlerer Stufe erhitzen und unter Rühren ca. 5 Minuten kochen, bis sich der Zucker aufgelöst hat und die Sauce eingedickt ist. Im Mixer glatt pürieren.

5. Wenn alles andere vorbereitet ist, das Kalbsbries braten. Dazu das Bries im Mehl wenden. Überschüssiges Mehl abschütteln. So viel Öl in eine Pfanne gießen, dass der Boden bedeckt ist, und erhitzen. Ein Backblech mit Küchenkrepp bereitstellen.

6. Die bemehlten Briesstücke in das heiße Fett legen, evtl. in mehreren Portionen braten, um die Pfanne nicht zu überfüllen. Immer wieder wenden, bis sie von allen Seiten goldbraun sind (insgesamt 4–5 Minuten). Mit einer Schaumkelle vorsichtig herausnehmen und auf dem Küchenkrepp abtropfen lassen.

7. Die Nuggets in einer großen Schüssel mit der General-Tso-Sauce übergießen und die Cassia-Semmelbrösel darüberstreuen.

Die Calamondinorange ist eine Zitrusfrucht mit intensivem Geschmack. Ihr Saft ist meist sehr sauer, die Schale aber oft süß. Sie ist vor allem auf den Philippinen verbreitet, wird aber in vielen Ländern Asiens zum Kochen verwendet. Es lohnt sich, danach zu suchen, aber wer keine auftreiben kann, verwendet stattdessen einfach Zitronensaft.

Frittierter Speck
mit Ahornsirup

4 Portionen Zubereitung: ca. 30 Min. Geschmack: salzig/rauchig/süß

Dieses süße Tempura-Gericht passt nicht nur zum Frühstück. Ich persönlich reiche es auch gerne als Hauptgang mit einer säuerlichen Beilage, wie meinem süß-sauer eingelegten Gemüse (S. 116), mit Togarashi-Salz gewürzt als Snack oder sogar klein geschnitten als Nachtisch zu Vanilleeis.

225 g Räucherspeck, in dicke Scheiben geschnitten
4 EL Ahornsirup
4 EL leichte Sojasauce
3 EL Worcestershire-Sauce
Traubenkernöl
4 EL Mehl
75 ml Wasser

1. Den Speck in einem Topf 3–4 Minuten anbraten, bis er anfängt leicht braun zu werden. Ahornsirup, Sojasauce und Worcestershire-Sauce zugeben und 3–4 Minuten weiterkochen, bis die Flüssigkeit eingedickt ist und den Speck überzieht (gelegentlich umrühren). Den Topf vom Herd nehmen und bei Zimmertemperatur stehen lassen.

2. 7,5 cm hoch Öl in eine tiefe Pfanne füllen und auf 160 °C erhitzen (mit Zuckerthermometer messen). In der Zwischenzeit ein mit Küchenkrepp ausgelegtes Backblech bereitstellen.

3. Während das Öl heiß wird, Mehl und Wasser in einer Schüssel gut verrühren. Die Speckstücke in den Teig tauchen und dann im Öl 3–5 Minuten knusprig und goldgelb frittieren. Vorsichtig mit einer Schaumkelle herausnehmen und auf Küchenkrepp abtropfen lassen. Sofort servieren.

Ramen
mit Frühstücksfleisch-Brühe

4 Portionen Zubereitung: ca. 45 Min. Geschmack: salzig/umami/nussig

Frühstücksfleisch ist sozusagen meine Vorstellung von Retro-Coolness. Wenn man es mit den richtigen Zutaten mischt, verleiht es dieser Nudelsuppe ein ganz besonderes Aroma. Ich spare nicht damit und empfehle Ihnen das ebenfalls. Als Ersatz funktioniert auch gepökelter Schinken.

340 g Frühstücksfleisch
960 ml Wasser
2 EL Fischsauce (Nam Pla)
2 Zweige frischer Thymian
¼ TL grobes Meersalz
2 EL geröstetes Sesamöl
2 EL Togarashi-Salz (S. 53)
225 g Ramen-Nudeln (S. 24)

1. In einem Topf mit Deckel das Frühstücksfleisch mit dem Wasser, der Fischsauce, dem Thymian und dem Salz auf niedriger Stufe erhitzen. 20 Minuten köcheln lassen, bis das Fleisch völlig zerfallen ist.

2. Den Herd ausschalten, das Sesamöl und das Togarashi-Salz in die Brühe geben, zudecken und 10 Minuten ziehen lassen. Die Brühe durch ein feines Sieb gießen und zurück in den Topf füllen, um sie warm zu halten.

3. In der Zwischenzeit einen großen Topf voll gut gesalzenem Wasser zum Kochen bringen. Die Ramen-Nudeln darin ca. 2 Minuten kochen, bis sie weich sind, dann abgießen. Die Nudeln auf vier Schüsseln aufteilen und die heiße Brühe darüberlöffeln.

Ich liebe selbst gemachte Nudeln, aber manchmal reicht die Zeit einfach nicht, oder man hat nicht genug Energie. Die meisten Asialäden bieten eine Auswahl an hochwertigen Ramen-Nudeln an, und selbst in Supermärkten findet man heutzutage akzeptable Produkte.

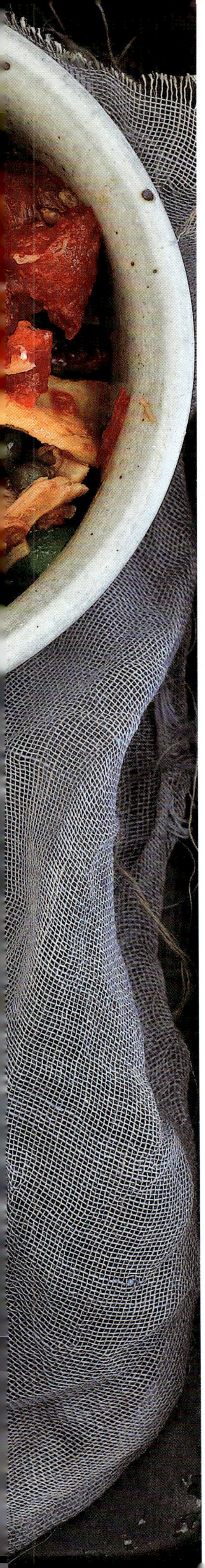

Kabeljau
mit grünen Oliven und Tomaten

4 Portionen Zubereitung: 1 Std. Geschmack: würzig/salzig/kräuterwürzig

Dieses Rezept ist meiner Tante Carmen gewidmet. Als ich noch klein war, hat sie das immer gekocht, und der Geschmack und die Aromen erinnern mich immer unheimlich an sie. Das Lustige ist: Als ich es das erste Mal selbst kochte, hatte ich gar kein Rezept. Ich habe mich lediglich daran erinnert, wie sie es gemacht hat, und wusste, wie alles zusammenpassen soll. Du fehlst mir, Tante Carmen.

60 ml Olivenöl
450 g Kabeljau, 2–4 Stunden in Wasser eingelegt und abgetropft
425 g Flaschentomaten aus der Dose
60 ml Wasser
50 g grüne Oliven, entsteint
2 rote Thai-Chilis, gehackt
2 Zweige frischer Thymian
1 Blatt frischer Lorbeer
60 ml Rotweinessig
130 g gewürfelter Stangensellerie
3 EL Kapern
¼ TL grobes Meersalz

1. Das Olivenöl in einem großen Topf erhitzen. Wenn es heiß ist, den Kabeljau darin ca. 5 Minuten anbraten. Dabei mit einem Löffel beim Kochen in Stücke zerteilen.

2. Die Tomaten, das Wasser, die Oliven, die Chilis, den Thymian und das Lorbeerblatt zugeben und auf kleiner Flamme weitere 15 Minuten köcheln lassen, dann den Essig, den Sellerie, die Kapern und das Salz hinzufügen. Die Mischung aufkochen, anschließend noch einmal 15 Minuten bei geringer Hitze köcheln lassen. Dabei gelegentlich umrühren. Mit Salz und Pfeffer abschmecken und den Eintopf zu gedünstetem Reis servieren.

Thunfisch
auf „Dosenart“

4 Portionen Zubereitung: ca. 1 Std. Geschmack: salzig/scharf/kräuterwürzig

Die Idee für dieses Rezept hatte ich, als ich eines Tages in meinem Küchenschrank eine einsame Dose Thunfisch entdeckte. Das Ziel war, ein Gericht zu erfinden, das die vertraute Konsistenz von Dosenthunfisch besitzt, aber gleichzeitig so saftig, mild und köstlich schmeckt wie hochwertiger frischer Fisch. Also habe ich wunderbaren Gelbflossen-Thunfisch so lange in Öl gedünstet, bis er sich mit einem Löffel ganz leicht zerteilen ließ, und dann mit scharfer asiatischer Tatarsauce gemischt. Ich reiche dieses besondere und trotzdem irgendwie vertraute Gericht gerne auf einem Salatbett oder auf Roggenbrotscheiben angerichtet.

360 ml Traubenkernöl
2 Zweige frischer Thymian
450 g Gelbflossen-Thun (siehe Kasten)

Asiatische Tatarsauce
1 EL Zucker
2 EL Reisessig
60 ml Sriracha-Sauce
225 g Mayonnaise
2 TL grobes Meersalz
30 g fein gehackter Stangensellerie
30 g fein gehackte rote Zwiebel
20 g gehackte Frühlingszwiebel
4 EL frischer Koriander, gehackt
½ Avocado, geschält und gewürfelt

1. Das Öl und den Thymian in einem Topf auf mittlerer Stufe erhitzen. Sobald das Öl zu schillern beginnt, die Hitzezufuhr drosseln und 20 Minuten kochen lassen, damit das Öl das Kräuteraroma annimmt.

2. Den Thunfisch in das Öl legen und ca. 30 Minuten darin garen, bis der Fisch außen milchig wird. Dabei etwa alle 10 Minuten wenden. Aus dem Öl nehmen und abkühlen lassen.

3. Während der Thunfisch gart, die Tatarsauce zubereiten: Den Zucker und den Essig in einer kleinen Schüssel verrühren, bis sich der Zucker aufgelöst hat. Die Sriracha-Sauce, die Mayonnaise, das Salz, den Sellerie, die Zwiebeln, den Koriander und die Avocadowürfel hinzufügen. Alles vorsichtig vermischen, damit die Avocado nicht zerdrückt wird.

4. Mit einem Löffel Stücke vom abgekühlten Thunfisch abstechen und in eine große Schüssel geben. Die Tatarsauce darübergießen und behutsam unterheben.

Wenn man frischen Thunfisch kauft, ist es besser, Stücke aus der Kopfgegend als aus dem Schwanz zu nehmen, denn dieser Teil hat weniger Nervenenden und Sehnen und ist deshalb viel zarter.

Salziges
Pinienkernkrokant

4 Portionen   Zubereitung: ca. 1 Std.   Geschmack: salzig/süß/nussig

Mein Großvater, nach dem ich benannt bin, nahm mich früher immer zu den Baseballspielen der Mets mit. Meine intensivsten Erinnerungen an diese Spiele gelten den gesalzenen Nüssen, die es dort zu kaufen gab. Dieses Dessert ist meine Interpretation der gesalzenen Nüsse, die ich mir damals mit meinem Großvater geteilt habe. Durch die Süße des butterigen, sahnigen Karamells schmeckt es hinreißend zu Eiscreme.

130 g Pinienkerne
50 g Zucker
2 EL grobes Meersalz
3 EL Crème double
30 g Butter

1. Die Pinienkerne in einem Topf ohne Fett 1–2 Minuten anrösten. Den Zucker hinzufügen und 4–5 Minuten kochen, bis er zu karamellisieren beginnt. Immer wieder umrühren. Das Salz und die Crème double zugeben – Achtung: Das schäumt richtig auf. Sobald sich die Blasen zurückgebildet haben, die Butter hinzufügen und auf kleiner Flamme 2 Minuten weiterkochen, bis die Flüssigkeit die Konsistenz von dicker Sahne erreicht hat und die Rückseite eines Löffels überzieht.

2. Auf Backpapier gießen und bei Zimmertemperatur stehen lassen, bis es relativ fest und zähflüssig wird. Vor dem Servieren in mundgerechte Stücke schneiden.

Sake-Cheddar-Käsesauce

4 Portionen Zubereitung: ca. 20 Min. Geschmack: salzig/süß/würzig

Ich habe eine Schwäche für Käsesauce. Egal ob man während eines Fußballabends Chips hineintunkt oder sie beim Grillen an einem heißen Sommertag über Hotdogs träufelt – manchmal muss Käse einfach zähflüssig und warm sein. Hier ist beides der Fall, aber gleichzeitig ist meine Version auch ein bisschen raffiniert, weil ich sie mit Sake und etwas Togarashi-Salz aufgepeppt habe.

240 ml Crème double
90 g Cheddar-Käse, gerieben
30 g Schmelzkäse, gerieben oder gehackt
2 TL Zucker
½ TL grobes Meersalz
2 TL Togarashi-Salz (S. 53)
60 ml Sake (japanischer Reiswein)

1. Die Crème double langsam erhitzen und 4–5 Minuten köcheln lassen – sie darf aber nicht aufkochen, weil sie sonst körnig wird. Den Käse unterrühren und so lange weiterrühren, bis er geschmolzen ist.

2. Den Zucker, das Salz und das Togarashi-Salz hinzufügen und 1 Minute weiterkochen, bis sich alles gründlich vermischt hat. Zum Schluss den Sake zugeben und 2 Minuten köcheln lassen, bis sich ein Teil des Alkohols verflüchtigt hat. In einen Mixer geben und fein pürieren. Sofort servieren oder in einem luftdichten Behälter bis zu einer Woche im Kühlschrank aufbewahren. Vor dem Servieren wieder aufwärmen.

Thunfischtatar mit Chipotle-Vinaigrette

Sloppy Joe auf vietnamesische Art

Scharfe Spareribs mit Tamarinden-Glasur

Gebratene Entenbrust mit Pancetta und Kreuzkümmel-Zwiebel-Marmelade

Gegrillter Tintenfisch mit Chorizo-Öl und scharf eingelegten Zwiebeln

Asiatische Grillsauce mit geräucherten Chilis und Ananas

Gegrillte Pilze mit Räucherspeck und Koriander-Vinaigrette

Sake-Sangria mit Zitronengras, Litschi und Ingwer

Rauchig 3

Rauchig | Das Gericht meines Lebens

Eines schwülen Abends im August spazierte ich eine viel befahrene Straße in Hanoi entlang. Der Lärm war unglaublich: hupende Autos, brüllende Rikscha-Fahrer und über allem das Summen der fremden Sprache. Die Geräusche, Gerüche und die feuchte Luft waren ungeheuer belebend. Es gelang mir kaum, alles gleichzeitig in mir aufzunehmen. Zwar lagen mehr Abgase in der Luft als köstliche Düfte, wie ich mir das eigentlich vorgestellt hatte, aber das machte nichts. Ich dachte immer wieder: „Ich bin hier, ich bin im Land von süß-salzig-sauer". Und dann fand ich, wonach ich gesucht hatte: Eine uralte Tür, die den Eingang zu jenem Ort darstellte, an dem ich, wie man mir versichert hatte, die vietnamesische Küche in ihrer authentischen Form erleben konnte: Cha Ca La Vong.

Beim Öffnen der Tür spürte ich die Maserung des Holzes unter meinen Fingerspitzen. Drinnen ging ich eine knarrende Treppe hinauf, deren Wände Bilder zierten, die die Geschichte dieses berühmten Restaurants dokumentierten. Ich hatte das Gefühl, als stiege ich zum Dachboden eines Geisterhauses hinauf, nur dass mir hier keine Spinnweben oder der muffige Geruch abgestandener Luft begegneten, sondern der berauschende Duft unzähliger würziger Mahlzeiten – intensive, kräftige Aromen, die zu einem Teil der Wände geworden zu sein schienen.

Als ich den Hauptraum von Cha Ca La Vong betrat, führte man mich sofort an einen Tisch mit weißer Papiertischdecke, in dessen Mitte ein Holzkohlegrill brannte. Rauch lag in der Luft, und ich hatte das Gefühl, in einen Al-Pacino-Film gestolpert zu sein. Ein Kellner knallte ein Tiger Bier vor mich auf den Tisch. Es war kalt und schaumig und außen am Glas sammelte sich das Kondenswasser. Da wusste ich, dass ich hier richtig war.

Die asiatische Luftfeuchtigkeit ist unglaublich, so dick und süß, und an jenem Abend fühlte es sich an, als sickere sie durch die Fenster herein, während ich an meinem Bier nippte und aufs Essen wartete. Doch dann veränderte sich die Luft mit einem Mal. Ich spürte hinter mir eine sengende Hitze, und noch ehe ich recht wusste, wie mir geschah, stellte ein anderer Kellner einen kleinen blubbernden Topf mit Kurkumaöl vor mich hin. Krosse Fischstückchen tanzten in flüssigem Gold. Ich war bereits total begeistert, da kam er mit zwei Bund frischem Dill und einem Bund Koriander zurück. Ich muss ihn ziemlich verwirrt angesehen haben, denn er warf ruckartig den Dill ins zischende und spritzende Öl.

Ich war sprachlos. Es war nicht das Geräusch des blubbernden Öls oder die Tatsache, dass die Fettspritzer rasch mein T-Shirt überzogen, oder das brennende Gefühl auf meinen Armen – nichts von alldem nahm ich wirklich wahr. Es war der Dill. Das Aroma war unbeschreiblich. Ich hatte das Gefühl, als hätte mir jemand ins Gesicht geschlagen, so überwältigend war der Geruch. Mir wurde fast schwindelig von dieser rauschenden Welle ätherischer Öle. Es kam mir wirklich so vor, als befände ich mich plötzlich an einem unbekannten Ort, als hätte mich die Intensität in einen richtigen Rausch versetzt. Bis zu diesem Moment war mir gar nicht klar gewesen, dass Dill in der südostasiatischen Küche überhaupt verwendet wird, und nun war er überall. Wie konnte mir das entgangen sein, wie konnte ich dieses Aroma noch nie in seiner ganzen Kraft erlebt haben? Es zog mich völlig in seinen Bann.

Kaum hatte ich mich etwas gesammelt, da brachte der Kellner eine Schüssel mit Vermicelli-Nudeln mit Erdnusssauce, Bohnensprossen, Thai-Basilikum, Koriander und Minze. Er griff an mir vorbei und löffelte etwas von der Fisch-Dill-Brühe über meine Nudeln. Dann trat er zurück und lächelte mich an, als wollte er sagen „Und jetzt iss". Das tat ich dann auch!

Sofort war mir bewusst, dass es sich um eine völlig andere Art von Mahlzeit handelte. Sie sprach alle Sinne an: der Duft des Dills, das Geräusch des zischenden, spritzenden Öls, die Konsistenz der cremigen Erdnussbuttersauce auf meiner Zunge, das Aroma all der Kräuter und Zutaten, die alle für sich standen und sich doch perfekt vereinten. Da wusste ich, dass sich meine Entscheidung, den phänomenalen Job bei Jean-Georges in New York zu verlassen, richtig gewesen war. Noch bevor ich fertig gegessen hatte, hatte ich mehr über die Vielfalt der Zutaten gelernt als in all meinen Jahren der Ausbildung und Berufstätigkeit. Es war fast schon unheimlich.

Thunfischtatar
mit Chipotle-Vinaigrette

6–8 Portionen Zubereitung: ca. 15 Min. Geschmack: rauchig/scharf/salzig

Auf meiner Reise durch Vietnam habe ich mir häufig Salat-Wraps gekauft – sie sind leicht und knackig, und irgendwie finde ich es sexy, mit den Händen zu essen. Als ich nach Hause kam, habe ich deshalb beschlossen, gewürzten Thunfischtatar in ein Salatblatt einzupacken. Dazu noch etwas frische Minze, Thai-Basilikum oder Koriander, und schon hat man ruckzuck die perfekte Vorspeise. Sie sind nicht in Stimmung für Salat? Dieser Thunfisch passt auch prima auf hochwertige Kartoffelchips oder eine Scheibe geröstetes Brot. Man sollte nur darauf achten, Fisch von wirklich erstklassiger Sashimi-Qualität zu bekommen.

2 getrocknete Chipotle-Chilis ohne Stiel
6 EL Traubenkernöl
½ TL grobes Meersalz, plus mehr nach Bedarf
2 EL Gochujang-Paste (siehe Kasten)
2 EL Fischsauce (Nam Pla)
3 EL Reisessig
1 EL geröstetes Sesamöl
400 g klein geschnittener Thunfisch (Sashimi-Qualität)
2 EL fein gehackte Schalotten
Blätter eines kleinen Kopfsalates

1. Die Chipotles in einer kleinen Pfanne ohne Fett ca. 2 Minuten anrösten, bis sie ihr Aroma entfalten. Abkühlen lassen. Die Chilis zusammen mit 3 EL des Öls, ½ TL Salz, der Gochujang-Paste, der Fischsauce, dem Essig und dem Sesamöl im Mixer fein pürieren. Mindestens 10 Minuten im Kühlschrank kalt stellen.

2. In der Zwischenzeit den Thunfisch mit den Schalotten und den restlichen 3 EL Öl mischen und nach Geschmack salzen. Die Chipotle-Vinaigrette über den Fisch träufeln und in Salatblättern verpackt servieren.

Gochujang ist eine koreanische fermentierte Chili-Paste, die traditionell in Tontöpfen reift. Man verwendet sie als Würzmittel in vielen koreanischen Gerichten, wie zum Beispiel Bibimbap. Sie ist in Asialäden erhältlich.

Sloppy Joe
auf vietnamesische Art

6 Portionen Zubereitung: ca. 30 Min. Geschmack: rauchig/scharf/süß

Die vietnamesische Küche hat mich zu dieser Version des klassischen amerikanischen „Sloppy-Joe"-Burgers – Hackfleischsauce auf Brötchen – inspiriert. Knoblauch, Ingwer, Kreuzkümmel und Nelken geben ein wunderbar exotisches Aroma, die Garnelenpaste ein bisschen Süße und die Gochujang-Paste einen Hauch Schärfe. All das auf ein buttriges Brötchen gepackt, und schon hat man das Gefühl, mitten in Ho-Chi-Minh-Stadt zu sitzen, ohne ins Flugzeug steigen zu müssen.

30 g Butter
2 EL Olivenöl
2 EL gehackter Knoblauch
1 EL gehackter Ingwer
1 EL Garnelenpaste
450 g Hackfleisch
3 EL Zucker
4 EL Gochujang-Paste (siehe Kasten S. 70)
2 TL Kreuzkümmel, geröstet und gemahlen
4 ganze Nelken, geröstet und gemahlen
360 ml hochwertige Hühnerbrühe
6 Burgerbrötchen
¼ Kopf Eisbergsalat, geraspelt
6 Scheiben Cheddar-Käse

1. Die Butter und das Öl in einem großen Topf auf mittlerer Stufe erhitzen. Wenn die Butter geschmolzen und das Öl heiß ist, den Knoblauch und den Ingwer hinzugeben und ca. 2 Minuten anschwitzen. Die Garnelenpaste hinzufügen, die Hitzezufuhr reduzieren und weitere 2 Minuten kochen.

2. Das Hackfleisch, den Zucker, die Gochujang-Paste, den Kreuzkümmel und die Nelken zugeben und unter gelegentlichem Rühren 5 Minuten weiterbraten, bis das Fleisch ringsherum gebräunt ist. Dann die Hühnerbrühe hinzufügen und 10 Minuten kochen, bis die Flüssigkeit eingedickt und das Fleisch ringsherum damit überzogen ist.

3. In der Zwischenzeit die Brioche-Brötchen toasten und die untere Hälfte mit einer Portion Salat belegen. Die Hackfleischmischung daraufgeben, mit einer Scheibe Käse belegen und mit der oberen Brötchenhälfte zudecken.

Scharfe Spareribs
mit Tamarinden-Glasur

4–6 Portionen Zubereitung: ca. 3,5 Std. Geschmack: rauchig/scharf/süß

Die Tamarinde ist eine Zitrusfrucht mit fleischigem Fruchtfleisch, das meist zu Pasten oder Mark verarbeitet wird. Für dieses Rezept verwende ich Tamarindenpaste, die man in Asialäden oder heutzutage sogar in größeren Supermärkten kaufen kann. Der säuerliche, herbe Geschmack der Tamarinde verleiht diesem amerikanischen Klassiker eine sinnliche südostasiatische Note.

3,8 l Wasser
360 ml Tamarindenpaste
720 ml Ketchup
200 g brauner Zucker
60 ml Sriracha-Sauce
4 EL Gochujang-Paste (siehe Kasten S. 70)
240 ml Rotweinessig
130 g getrocknete Ananas
4 EL Chipotle-Chilis in Adobo-Sauce
2,3 kg Schälrippchen (siehe Kasten)

1. Den Backofen auf 150 °C/Gas Stufe 2 vorheizen.

2. Alle Zutaten außer den Rippchen in einem großen Topf zum Kochen bringen. Anschließend etwa 5 Minuten köcheln lassen, dann in einen Mixer geben und glatt pürieren.

3. Die Rippchen in eine Bratform legen und mit der pürierten Sauce übergießen. Die Form mit Alufolie abdecken und in den Ofen schieben. 2,5–3 Std. garen. Dabei nach einer Stunde überprüfen, wie viel Flüssigkeit bereits verdampft ist. Wenn der Flüssigkeitspegel zu niedrig erscheint, ein oder zwei Tassen Wasser nachgießen, damit die Rippchen während des Garens vollkommen bedeckt sind.

4. Wenn die Rippchen gar sind, auf ein Backblech legen und die Bratflüssigkeit vorsichtig durch ein feines Sieb in einen Topf seihen. Auf dem Herd erhitzen und 10–15 Minuten bis zur Saucenkonsistenz reduzieren.

5. Den Backofengrill einschalten. Die Rippchen mit der Sauce bepinseln und 2–3 Minuten grillen, bis sie glänzen. Dabei nicht anbrennen lassen.
Sofort servieren.

Ich nehme immer St. Louis-Spareribs. Bei denen wurden die Rippenenden, das Brustbein und die Knorpel entfernt. Übrig bleibt ein ziemlich rechteckiges Stück. Das ist ideal, weil es perfekt in die Form passt und auch gleichmäßiger gart. Fragen Sie Ihren Metzger.

Gebratene Entenbrust mit Pancetta und Kreuzkümmel-Zwiebel-Marmelade

4 Portionen Zubereitung: ca. 1 Std. Geschmack: rauchig/scharf/süß

Hier geht es vor allem um Gegensätze: Die Süße der Zwiebeln gleicht die Salzigkeit des Pancetta (luftgetrockneter, geräucherter Bauchspeck aus Italien) aus. Der kräftige Wildgeschmack der Ente bildet das Gegenstück zum rauchigen Schweinefleisch. Und das nussige Aroma des Kreuzkümmels belebt die Schärfe der Zwiebeln. Ich könnte ewig so weitermachen – es ist wie Zauberei ...

Kreuzkümmel-Zwiebel-Marmelade
30 g Butter
2 EL Traubenkernöl
2 EL Kreuzkümmelsamen
290 g in dünne Ringe geschnittene Zwiebeln
4 EL Zucker
½ TL grobes Meersalz
3 EL frisch gehacktes Thai-Basilikum

4 kleine Peking- oder Moschusentenbrustfilets
2 EL grobes Meersalz
2 EL Traubenkernöl
8 Scheiben Pancetta, ca. 3 mm dick, halbiert
2 Zweige frischer Thymian
frisch gemahlener schwarzer Pfeffer

1. Für die Marmelade die Butter und das Öl in einer tiefen Pfanne auf mittlerer Stufe erhitzen. Wenn die Butter geschmolzen und das Öl heiß ist, den Kreuzkümmel darin 2–3 Minuten anbraten. Die Zwiebeln, den Zucker und das Salz hinzufügen und etwa 15 Minuten kochen, bis die Zwiebeln weich und goldgelb sind und die Konsistenz von Marmelade haben. Abkühlen lassen, das Basilikum untermischen und beiseite stellen.

2. Die Entenbrustfilets mit Küchenkrepp trocken tupfen. Wenn es sich um Moschusente handelt, die Haut mit einem Messer diagonal einritzen (Achtung: nicht bis aufs Fleisch schneiden). Mit Salz würzen. Eine große Pfanne erhitzen und die Filets mit der Hautseite nach unten hineinlegen. Die Hitze zurücknehmen und 20–25 Minuten braten, bis das Fett ausgelaufen ist. Wenn die Haut knusprig ist, den Großteil des Fetts abgießen und aufbewahren (siehe Kasten), so dass nur noch der Boden der Pfanne bedeckt ist. Die Filets wenden und weitere 5 Minuten garen, bis sie auf den Punkt gebraten sind. Auf einem Schneidbrett ruhen lassen.

3. In der Zwischenzeit das Öl in einer Pfanne erhitzen. Den Pancetta mit dem Thymian und etwas Pfeffer 8–10 Minuten braten, bis der Speck Farbe annimmt.

4. Zum Servieren die Entenbrustfilets diagonal in Streifen schneiden, etwas Pancetta danebenlegen und mit einem großzügigen Klecks Zwiebelmarmelade garnieren.

Entenfett ist unglaublich geschmacksintensiv und verleiht den verschiedensten Gerichten von Pommes Frites bis hin zu gebratenem Reis eine köstlich dekadente Note. Nach dem Auslassen das Fett in eine Schüssel gießen und erkalten lassen. Es ist im Kühl- oder Gefrierschrank in einem luftdichten Behälter bis zu 3 Monate haltbar. Man kann es statt Butter oder Öl verwenden, wann immer man sich eine Extraportion Geschmack gönnen will.

Gegrillter Tintenfisch
mit Chorizo-Öl und scharf eingelegten Zwiebeln

4 Portionen Zubereitung: ca. 2 Std. Geschmack: rauchig/scharf/salzig

Tintenfisch kann zäh werden, wenn man ihn zu lange gart. In diesem Rezept mariniere ich ihn ganz sanft mit frischen Kräutern (wie Tee). Dadurch nimmt er das Aroma auf und bleibt gleichzeitig zart. Die Kombination aus rauchiger spanischer Chorizo-Wurst, salzigen Oliven und scharfen Jalapeños erinnert mich an die tollen Tapas, die ich in San Sebastian in Spanien gegessen habe. Perfecto!

Jalapeño-Zwiebeln
120 ml Reisessig
3 EL Zucker
1 Jalapeño-Chili, in dünne Scheiben geschnitten
40 g rote Zwiebeln, in dünne Scheiben geschnitten

1 l Wasser
120 ml Rotweinessig
90 ml Olivenöl
4 Zweige frischer Thymian
2 frische Lorbeerblätter
2 TL grobes Meersalz
450 g Tintenfisch am Stück
30 g spanische Chorizo, gewürfelt
30 g Stangensellerie, gewürfelt
25 g grüne Oliven

1. Zuerst die Zwiebeln einlegen: Dazu Essig und Zucker in einer Schüssel verrühren. Die Jalapeño- und Zwiebelscheiben hinzufügen und mindestens 30 Minuten bei Zimmertemperatur oder bis zu 24 Stunden im Kühlschrank durchziehen lassen.

2. In der Zwischenzeit das Wasser mit dem Essig, 60 ml des Öls, dem Thymian, den Lorbeerblättern und dem Salz zum Kochen bringen. Den Tintenfisch hineinlegen und den Topf vom Herd nehmen. 15–20 Minuten ziehen lassen, dann den Topf im Kühlschrank mindestens 1 Stunde kalt stellen.

3. Wenn er vollkommen erkaltet ist, den Tintenfisch auf ein Schneidbrett legen. Die äußere Haut abziehen und wegwerfen. Den Tintenfisch in 5 cm große Stücke schneiden.

4. Die verbliebenen 2 EL Öl in einer großen, tiefen Pfanne stark erhitzen. Wenn das Öl heiß ist, die Chorizo hinzufügen und etwa 5 Minuten braten, bis das Fett herausgelaufen ist und die Wurst anfängt zu bräunen. Den Tintenfisch zugeben und unter gelegentlichem Wenden 2–3 Minuten von allen Seiten scharf anbraten.

5. Den Sellerie und die Oliven hinzufügen und etwa 1 Minute weiterbraten – der Sellerie sollte innen noch knackig sein. Die Tintenfisch-Mischung in Schüsseln füllen und mit den scharf eingelegten Zwiebeln garnieren.

Asiatische Grillsauce
mit geräucherten Chilis und Ananas

Ergibt 720 ml   Zubereitung: ca. 20 Min.   Geschmack: rauchig/süß/scharf

Das ist eine Sauce, die ich ständig verwende. Am liebsten würde ich darin baden – wirklich, das Zeug ist so klasse. Man kann sie auf Hühnchen, Rind oder Schwein streichen oder einen genialen Krabbencocktail damit machen. Zu Pfannkuchen und Ahornsirup passt sie ebenfalls.

200 g brauner Zucker
130 g getrocknete Ananas
360 ml Rotweinessig
480 ml Ketchup
240 ml Gochujang-Paste (siehe Kasten S. 70)
60 ml Sriracha-Sauce
3 EL Chipotle-Chilis in Adobo-Sauce
1 EL grobes Meersalz

1. Den Zucker in einem Topf bei mittlerer bis starker Hitze unter Rühren 3–4 Minuten schmelzen lassen. Dann die Ananas darin 5–8 Minuten kochen, bis sie ganz weich ist.

2. Den Essig hinzufügen und alles zusammen aufkochen. So lange kochen, bis der Essig etwa um ein Drittel eingekocht ist, dann das Ketchup, die Gochujang-Paste, die Sriracha-Sauce und die Chilis zusammen mit ihrer Sauce und das Salz zugeben. Auf niedriger Flamme 8–10 Minuten köcheln, bis alles etwas eingedickt ist.
Im Mixer glatt pürieren. Nach Belieben verwenden oder in einem luftdichten Behälter bis zu 3 Monate im Kühlschrank aufbewahren.

Gegrillte Pilze
mit Räucherspeck und Koriander-Vinaigrette

6–8 Portionen Zubereitung: ca. 30 Min. Geschmack: rauchig/erdig/sauer

Diese fantastischen Pilze erwachen durch das Raucharoma des Specks und die leichte Säure der warmen Vinaigrette erst so richtig zum Leben. Die zerstoßenen Koriandersamen bilden dabei einen schönen Kontrast zu den fleischigen Pilzen und verleihen dem ganzen Gericht eine blumige Zitrusnote.

3 EL Olivenöl
4 Scheiben Räucherspeck, in 1 cm große Stücke geschnitten
150 g halbierte Austernpilze ohne Stiel
150 g geviertelte Shiitake-Pilze ohne Stiel
150 g halbierte und gewürfelte Kräutersaitlinge ohne Stiel
2 TL grobes Meersalz
2 TL zerstoßene Koriandersamen
2 EL Zucker
120 ml Reisessig
1 EL frischer Thymian
2 TL frischer Rosmarin, gehackt

1. 1 EL des Öls in einer Pfanne erhitzen. Den Speck darin so lange braten, bis Einiges vom Fett herausgelaufen ist und er anfängt braun zu werden (4–5 Minuten). Mit einer Schaumkelle herausnehmen und beiseite stellen.

2. Die verbleibenden 2 EL Öl und die Pilze zum Fett in die Pfanne geben. Mit Salz bestreuen und insgesamt 3–4 Minuten von allen Seiten anbraten. Sie sollten braun werden, aber schön fleischig bleiben.

3. Wenn die Pilze am Rand langsam knusprig werden, den Speck wieder in die Pfanne geben, alles vermischen und bei niedriger Flamme etwa 2 Minuten weiterbraten. Vom Herd nehmen und beiseite stellen.

4. Die zerstoßenen Koriandersamen in einer kleinen Pfanne bei mittlerer Hitze etwa 2 Minuten anrösten, bis sie ihr Aroma entfalten. Den Zucker zugeben, die Hitzezufuhr drosseln und 3–4 Minuten schmelzen lassen. Mit dem Essig ablöschen. Wenn sich alle Zutaten miteinander verbunden haben und die Flüssigkeit beginnt einzudicken, den Thymian und den Rosmarin hinzufügen. Alles gut verrühren und vom Herd nehmen.

5. Die warme Vinaigrette über die Speck-Pilze gießen, gründlich unterheben und servieren.

Sake-Sangria

mit Zitronengras, Litchi und Ingwer

4–6 Portionen Zubereitung: 15 Min. Geschmack: rauchig/süß/kräuterwürzig

In diesem internationalen Cocktail trifft Japan auf Spanien. Ich verspreche Ihnen, dass Sie es nicht bei einem Glas belassen können, also seien Sie vorsichtig! Es ist wichtig, dass man den Ingwer, das Zitronengras und die Kräuter lange genug in Sake und Wein ziehen lässt – das Ziel ist, wirklich alle verschiedenen Noten zu schmecken.

480 ml Sake (japanischer Reiswein)
1 Flasche trockener Rotwein
120 ml Agavensirup
ein 5 cm großes Stück Ingwer, in Scheiben geschnitten
1 Stängel Zitronengras, flach geklopft
4 Pimentkörner
1 Zweig frischer Rosmarin
2 Zweige frische Minze
60 g geschälte, entsteinte Litschis (falls aus der Dose, abgespült und abgetropft)
Fleur de Sel oder anderes hochwertiges Salz

1. Den Sake, den Rotwein und den Agavensirup in einem Krug verrühren. Den Ingwer, das Zitronengras, das Piment, den Rosmarin und die Minze hinzufügen und mindestens eine Stunde ziehen lassen. Wenn die Flüssigkeit die Kräuteraromen aufgenommen hat, die Litchis hinzufügen und den Cocktail auf Eis servieren. Dabei jedes Glas mit einer Prise Fleur de Sel garnieren.

Thunfischstreifen mit kandiertem Wasabi

Frisée-Salat mit Yuzu-Thymian-Vinaigrette

Papaya-Salat mit Vinaigrette mit kandierter Tamarinde

Gegrillter Tofu in Ponzu-Marinade mit knusprigen Schalotten

Thunfisch in „Mole“-Sauce

Wildbrokkoli mit Aleppo-Pfeffer

Kartoffelsalat mit Senfkörnern und Dill

Südostasiatischer Mojito mit Thai-Basilikum und Minze

„Mein“ Currypulver

Bitter 4

Bitter | Man lernt nie aus

Vermutlich hat jeder von uns etwas, das er im Nachhinein gerne anders machen würde. Für mich ist das mein erstes Restaurant, Yumcha. Dabei bin ich durchaus stolz auf das, was wir mit dem Yumcha aufgebaut haben. Während seiner kurzen Lebensdauer war es ein tolles Restaurant, aber es macht mich immer noch traurig, wie alles geendet hat. Eigentlich will ich seit Jahren davon erzählen, aber ich war mir nicht sicher, wie die Leute darauf reagieren würden. Inzwischen habe ich ein ganz gutes Gefühl deswegen: Es ist eben so passiert, und es war eine lehrreiche Erfahrung. Vielleicht lohnt es sich allein deshalb schon, darüber zu reden, damit jemand anderes auch daraus lernen kann.

Als sich die Gelegenheit bot, das Yumcha aufzumachen, arbeitete ich noch mit Jean-Georges. Die Entscheidung, meinen Mentor zu verlassen, fiel mir wirklich schwer, aber die Chance, mein eigenes Restaurant zu eröffnen, meine eigene Vision zu verwirklichen, war schlicht zu verlockend – ich musste das Risiko eingehen. Die lange Version der Ereignisse ist kompliziert. Das hier ist die Kurzfassung, die mir geholfen hat, mich als Koch und Mensch weiterzuentwickeln und die ich als wahr betrachte.

Nachdem ich drei Monate meines Lebens täglich zwischen achtzehn und zwanzig Stunden dafür gearbeitet hatte, ein modernes, neuartiges chinesisches Restaurant zu erschaffen, öffnete das Yumcha schließlich seine Pforten. Einige weltbekannte Köche kamen zu uns zum Essen: Alain Ducasse, Paul Bocuse, Gray Junz, Jean-Georges – die Besten der Besten. Dana Cowin von der Zeitschrift *Food & Wine* kam, Adam Platt schrieb eine begeisterte Kritik fürs *New York Magazine*, die Presse lobte uns über den grünen Klee. Wir standen an der Schwelle zu etwas wirklich Fantastischem, und alle in der Küche konnten das spüren. Unsere Gerichte waren ausgefallen und aufregend: französische Grundlagen mit asiatischen Einflüssen, auf eine Art zubereitet, die wirklich neu und sexy war. Schon der Raum war atemberaubend: sehr elegant mit lackierten schwarzen Oberflächen und einer glänzenden offenen Küche. Die Köche trugen Nadelstreifen und hohe Hauben – es sollten alle Sinne angesprochen werden. Die Leute standen Schlange, um bei uns zu essen. Es war genau so, wie ich es mir erhofft hatte, und genau das, wofür wir so hart gearbeitet hatten. Aber es war nicht von langer Dauer.

Mein Verhältnis zu dem Besitzer wurde zunehmend schwieriger, da unsere Vorstellungen auseinander drifteten. Teils ging es ums Management, teils um persönliche Ansichten, aber es wurde immer deutlicher, dass wir unterschiedliche Visionen hatten. Die Details sind alle nicht sonderlich spannend, aber unser Konzept stand auf dem Spiel, und das war für mich eine große Sache. Schließlich wurden die Spannungen zwischen uns in den Besprechungen dermaßen spürbar, dass es so nicht mehr weitergehen konnte. Wir mussten reden.

Eines Tages bat ich ihn um ein Gespräch unter vier Augen. Ich erzählte ihm, was ich fühlte: Wie viel das Yumcha mir bedeutete, wie genial bisher alles lief. Ich weiß noch, wie ich sagte: „Wir haben da dieses unglaublich tolle Restaurant. Das muss einfach klappen.“ Die Unterhaltung eskalierte, wir stritten uns, wurden laut. Schließlich gingen wir mit dem Vorsatz auseinander, uns zu beruhigen. Dann, etwa zwei Stunden bevor wir abends öffneten, rief er mich noch einmal zu sich. Wir versuchten zu reden, aber es war zu spät. Er forderte mich auf zu gehen. Ich hatte keine Ahnung, wie alles so schnell außer Kontrolle geraten war, aber ich wusste, dass unsere angeknackste Beziehung damit unwiederbringlich zu Bruch gegangen war.

Ich ging nach unten in die Küche und beobachtete, wie sich meine Belegschaft in perfektem Einklang auf den Abend vorbereitete. Als sie mich hereinkommen sahen und ich kaum ein Wort herausbrachte, blickten sie von ihrer Arbeit auf. Ich sagte nur: „Leute, man hat mich gefeuert." Sie waren fassungslos. Aber was blieb mir anderes übrig? Ich ging.

Etwa einen Block vom Restaurant entfernt merkte ich plötzlich, dass mir eine Gruppe Leute folgte. Zuerst kapierte ich gar nicht, um wen es sich da handelte. Dann war es auf einmal, als würde sich der Nebel lichten: Meine Angestellten, mein Team war einfach ebenfalls gegangen. Ich hätte sie niemals darum gebeten, für mich ihren Job zu opfern, denn das hätte ich nicht gewollt, aber ich muss zugeben, dass mich ihre Geste sehr gerührt hat. Als Nächstes entdeckten wir einige des Bedienpersonals – alle zusammen kehrten wir dem Ort den Rücken, für dessen Existenz wir so hart gearbeitet hatten. Dieser Loyalitätsbeweis war einfach unglaublich. Was für eine Ehre, zu wissen, dass mein Team, das so sehr an das Yumcha geglaubt und so viel Einsatz gebracht hatte, bereit war, diesen Schritt für mich zu tun.

Das Restaurant schloss noch am selben Abend. Man versuchte, es etwa eine Woche später wiederzueröffnen, aber es funktionierte nicht. Der Moment war vorüber.

Es war genau so, wie ich es mir erhofft hatte, und genau das, wofür wir so hart gearbeitet hatten. Aber es war nicht von langer Dauer.

Zuerst war ich völlig fertig. Bitter, wütend und traurig. Es war so perfekt gewesen, so makellos in der Idee und Ausführung – für mich war es tatsächlich wie ein lebendiges Wesen. Doch im Lauf der Zeit konnte ich die Erfahrung als Lektion betrachten, die ich eben lernen musste. Ich war naiv, geblendet von meiner eigenen Leidenschaft und meinem Ehrgeiz. Ich war zwar bereit gewesen für die Herausforderung, aber es war nicht die richtige Situation für mich. Trotzdem hätte mich damals niemand vom Gegenteil überzeugen können. Ich hatte es einfach selbst herausfinden müssen.

Dass die Angestellten mir an jenem Abend hinaus auf die Straße folgten – dieses Zeichen der Loyalität, des Engagements und der Opferbereitschaft – ermöglichte es mir, das Positive an dieser ziemlich düsteren Erfahrung zu sehen. Ich wusste, was wirklich wichtig war: Ich hatte ein tolles Team aufgebaut. Zusammen war es uns gelungen, ein geniales Restaurant auf die Beine zu stellen, und ganz unabhängig vom Ergebnis hatte ich doch mein Herzblut für etwas gegeben, an das ich geglaubt hatte.

Thunfischstreifen
mit kandiertem Wasabi

4–6 Portionen Zubereitung: ca. 2,5 Std. Geschmack: bitter/süß/scharf

Man könnte sagen, dass dieses Rezept meine italienische Seite repräsentiert, denn die Thunfischstreifen ähneln ein bisschen frisch geschnittenen Fettuccine. Wasabi ist eine japanische Wurzel, die einen scharfen, beißenden Geschmack hat. Dieses Gericht ist ein perfektes Beispiel dafür, wie ich Geschmacksrichtungen gerne kombiniere: der intensive Wasabi wird durch die Süße des Zuckers gezähmt, mit dem er kandiert wird. Die Essigsäure im Dressing erfrischt den Gaumen, während der Umami-Geschmack der Sojasauce den „Schmeckt-nach-mehr"-Faktor bringt, den wir uns immer wünschen.

4 EL plus 2 TL Zucker
4 EL Wasabipulver
1 EL Wasser
450 g Thunfisch (Sashimi-Qualität)
1 ½ TL grobes Meersalz
3 EL Olivenöl
90 ml leichte Sojasauce
60 ml Reisessig
frischer Koriander

1. 4 EL Zucker mit dem Wasabipulver und dem Wasser in einer Schüssel verrühren. Die Paste auf ein Backblech streichen (sie sollte eine Konsistenz wie Kuchenstreusel haben) und bei Zimmertemperatur mindestens 2 Std. trocknen lassen. Wenn der kandierte Wasabi ganz trocken ist, in erbsengroße Stücke zerkrümeln.

2. Den Thunfisch der Länge nach in 5 mm dicke Scheiben schneiden und diese dann noch mal in 3 mm dicke Streifen zerteilen. Diese in eine Schüssel geben, mit dem Salz bestreuen, das Olivenöl daruntermischen und im Kühlschrank kalt stellen.

3. Die Sojasauce, den Essig und den restlichen Zucker verrühren, bis sich der Zucker vollkommen aufgelöst hat.

4. Vor dem Servieren die gekühlten Thunfischstreifen mit dem Soja-Dressing mischen, einige Krümel kandierten Wasabi darüberstreuen und mit einem Korianderblatt verzieren.

Frisée-Salat
mit Yuzu-Thymian-Vinaigrette

4 Portionen   Zubereitung: ca. 15 Min.   Geschmack: bitter/säuerlich/süß

Ich liebe klassischen Salade Lyonnaise, deshalb wollte ich meine eigene Variation mit kleinem asiatischen Kick kreieren. Yuzu ist eine beliebte japanische Zitrusfrucht mit wunderbar rundem Geschmack. Zusammen mit dem cremigen Eidotter und dem leicht gesalzenen Eiweiß belebt dieses Dressing den grünen Salat auf frische, neue Weise.

4 Köpfe Friséesalat (Endivien)
3 EL Olivenöl
4 EL Yuzu-Saft (siehe Kasten S. 23) oder Zitronensaft
1 EL frische Thymianblättchen
2 TL Zucker
grobes Meersalz
1 großes Ei
frisch gemahlener Pfeffer
3 Zweige frischer Dill

1. Den Salat waschen und die Blätter in kleinere Stücke zupfen. 2 EL Olivenöl mit dem Yuzu-Saft, dem Thymian, dem Zucker und einer Prise Salz in einer Schüssel mit dem Schneebesen gründlich verrühren.

2. Den restlichen EL Olivenöl in einer kleinen Pfanne erhitzen. Dann das Ei hineinschlagen und ca. 2 Minuten braten, bis das Eiweiß fest wird, der Dotter aber immer noch flüssig ist. Das Eiweiß mit etwas Salz und Pfeffer würzen.

3. Wenn das Ei fertig ist, den Salat mit dem Dressing anmachen, mit Dill garnieren und das Ei darauf platzieren. Zum Servieren das Ei zerschneiden, so dass es Teil des Salats wird und der Dotter die einzelnen Blätter leicht überzieht.

Papaya-Salat
mit Vinaigrette mit kandierter Tamarinde

4 Portionen Zubereitung: ca. 30 Min. Geschmack: bitter/süß/sauer

In Bangkok, wo ich dieses Gericht zum ersten Mal gegessen habe, werfen sie auch noch Krebse, mit Schale und allem, hinein. Wenn man dann den Salat isst, stößt man immer wieder auf ein Stück Schale, das gefüllt ist mit der säuerlichen Vinaigrette, die man dann heraussaugen muss. Meine Variante hier ist vegetarisch, aber wer gerne möchte, kann natürlich noch Krebsfleisch (mit oder ohne Schale) hineintun.

140 g chinesische Schlangenbohnen, in 7,5 cm lange Stücke geschnitten
2 EL Traubenkernöl
grobes Meersalz
450 g grüne Papaya, geraspelt
10 g frische Korianderblätter

Vinaigrette mit kandierter Tamarinde
2 EL in feine Scheiben geschnittener Knoblauch
2 EL Traubenkernöl
3 Thai-Chilis, gehackt, 1 davon sehr fein
100 g kandierte Tamarinde (siehe Kasten)
4 EL Zucker
2 EL gehackter Ingwer
2 EL Fischsauce (Nam Pla)
3 EL Limettensaft
grobes Meersalz
3 EL grob gehackte geröstete Cashewnüsse

1. Eine gusseiserne oder andere schwere Pfanne ohne Fett erhitzen, so dass sie gerade anfängt zu rauchen. Die Bohnen darin von allen Seiten scharf anbraten. Sie dürfen aber nicht anbrennen. In eine Schüssel geben, mit Öl mischen und mit Salz würzen. 10 Minuten kalt stellen.

2. Die Papaya portionsweise im Mörser so lange stampfen, bis sie etwas Saft von sich gibt (man kann sie auch in ein Geschirrhandtuch wickeln und mit einer schweren Pfanne daraufschlagen – Hauptsache, die Fasern werden zerkleinert). In einer Schüssel mit dem Koriander und den Bohnen mischen.

3. Für die Vinaigrette den Knoblauch in einer Pfanne in Öl 2–3 Minuten goldgelb anbraten. Mit den 2 grob gehackten Chilis, der kandierten Tamarinde, dem Zucker, dem Ingwer und der Fischsauce im Mixer glatt pürieren. Dann mit dem Limettesaft verquirlen. Nach Bedarf salzen. Die Vinaigrette über den Salat träufeln, mit den Cashewnüssen und der fein gehackten Chili bestreuen.

Ich liebe kandierte Tamarinde – sie schmeckt irgendwie gleichzeitig süß, sauer und würzig. Leider bekommt man sie mitunter nur schwer. Kandierter Ingwer hingegen wird heutzutage fast überall angeboten und ist ein guter Ersatz.

Gegrillter Tofu
in Ponzu-Marinade mit knusprigen Schalotten

4 Portionen Zubereitung: ca. 1,5 Std. Geschmack: bitter/süß/säuerlich

Dieser Tofu ergibt ein prima Hauptgericht, aber man kann ihn problemlos auch als kleinen Snack essen: auf einem leckeren Brötchen mit einem Klecks Mayonnaise zum Beispiel.

400 g fester Tofu
Traubenkernöl
240 ml leichte Sojasauce
60 ml Ananassaft
60 ml Zitronensaft
3 EL Zucker
3 EL Gochujang-Paste (siehe Kasten S. 70)
3 EL Maismehl
4 EL in dünne Ringe geschnittene Schalotten
grobes Meersalz
Schale einer Zitrone
3 Zweige frischer Koriander

1. Einen Grill oder eine Grillpfanne vorheizen. Den Tofu in 2,5 cm dicke Scheiben schneiden und mit Küchenkrepp trocken tupfen. Leicht mit Öl bepinseln und auf beiden Seiten jeweils etwa 1 Minute grillen. Auf einen großen flachen Teller legen.

2. Die Sojasauce, den Ananassaft, den Zitronensaft, den Zucker und die Gochujang-Paste in einer Schüssel verrühren. Diese Marinade über den gegrillten Tofu gießen und 1 Std. bei Zimmertemperatur ziehen lassen.

3. In der Zwischenzeit 4–5 cm hoch Öl in einen kleinen Topf gießen und auf 160 °C erhitzen (mit Zuckerthermometer messen). Ein Backblech mit Küchenkrepp auslegen und bereitstellen.

4. Das Maismehl in eine kleine Schüssel geben. Die Schalottenringe im Mehl wenden, überschüssiges Mehl abklopfen. Wenn das Öl heiß ist, die Schalotten darin etwa 2 Minuten goldgelb frittieren. Mit einer Schaumkelle aufs vorbereitete Backblech geben, abtropfen lassen und mit Salz bestreuen.

5. Zum Servieren den Tofu auf einer Platte anrichten, die Zitronenschale und die Schalotten darüberstreuen und mit Korianderblättchen garnieren.

Thunfisch
in „Mole“-Sauce

2–4 Portionen Zubereitung: ca. 15 Min. Geschmack: bitter/süß/kräuterwürzig

Dieses Gericht verkörpert sozusagen die Essenz meiner Philosophie, dass das Einfache komplex ist. Es lässt sich ganz simpel zubereiten, aber die Aromen ergeben in der Mischung eine unglaubliche Tiefe. „Mole“ ist eine Sauce auf Schokoladenbasis, die typischerweise ein wenig bitter und scharf ist und nur einen Hauch von Süße besitzt. Lassen Sie sich von der Kombination von Fisch und Schokolade nicht abschrecken: Die Schokolade betont die kräftige, butterige Konsistenz des Thunfischs, und die Gewürze runden das Ganze perfekt ab.

½ TL Kreuzkümmel
½ TL Koriandersamen
115 g Zartbitterschokolade (70 %)
450 g Thunfisch (Sashimi-Qualität)
1 ½ TL grobes Meersalz
3 EL Olivenöl
2 EL Gochujang-Paste (siehe Kasten S. 70)
2 Limetten, geviertelt
3 EL gehackter frischer Koriander

1. In einer kleinen Pfanne den Kreuzkümmel und die Koriandersamen bei geringer Hitze leicht anrösten, bis sie ihr Aroma entfalten. Vollständig abkühlen lassen. Dann in einer Gewürzmühle sehr fein mahlen. Beiseite stellen.

2. Die Schokolade in einen mikrowellenfesten Behälter geben. In 20-Sekunden-Intervallen in der Mikrowelle schmelzen. Die gemahlenen Gewürze hinzugeben und gut verrühren.

3. Den Thunfisch in 5 mm große Würfel schneiden. In eine Schüssel geben, mit dem Salz bestreuen, dann das Öl und die Gochujang-Paste unterrühren. Vor dem Servieren den Fisch auf die Teller verteilen, mit der geschmolzenen Schokolade beträufeln und mit Limettenspalten und Koriander verzieren.

Wildbrokkoli
mit Aleppo-Pfeffer

4 Portionen   Zubereitung: ca. 15 Min.   Geschmack: bitter/süß/scharf

Da er auf dem Land eine große Familie ernähren musste, bemühte mein Vater sich leidenschaftlich darum, so viel wie möglich aus dem eigenen Garten zu kochen. Er liebte die Vorstellung, verschiedene Gemüsesorten anzubauen, mit denen er uns versorgen konnte. Und da meine Mutter Italienerin ist, war darunter immer eine große Menge Wildbrokkoli. Im Spätherbst beziehungsweise frühen Winter kochte meine Mutter dann dieses ganz einfache bäuerliche Gericht, das ich immer besonders mochte.

3 EL Olivenöl
1 EL in feine Scheiben geschnittener Knoblauch
2 TL gemahlener Aleppo-Pfeffer (siehe Kasten)
450 g Wildbrokkoli (Rapini), geputzt
1 TL grobes Meersalz
Schale einer Zitrone

1. Das Olivenöl in einer großen Pfanne erhitzen. Dann den Knoblauch mit dem Pfeffer 1 Minute anschwitzen, bis der Knoblauch beginnt, leicht braun zu werden.

2. Den Brokkoli zugeben, mit dem Salz würzen und den Deckel der Pfanne schließen (dadurch gart der Brokkoli im Dampf). Etwa 2 Minuten kochen, bis er leicht welk wird, aber innen noch knackig ist. Das Gemüse auf einer großen Platte anrichten, mit der Zitronenschale bestreuen und servieren.

Aleppo-Pfeffer ist gemahlener Chili-Pfeffer aus der Türkei und Syrien, der in der Mittelmeerküche und im Nahen Osten viel verwendet wird. Er hat einen kräftigen, fast schon herben Geschmack. Wer keinen Aleppo-Pfeffer im Haus hat, der nimmt einfach grob gemahlenen roten Pfeffer. Der ist zwar nicht ganz so komplex, funktioniert aber als Ersatz.

Kartoffelsalat
mit Senfkörnern und Dill

4 Portionen Zubereitung: ca. 45 Min. Geschmack: bitter/säuerlich/ kräuterwürzig

Ich bin ein großer Freund von Senfkörnern. Ich habe sogar schon angefangen, zu Hause selbst Senf herzustellen, so begeistert bin ich vom Aroma dieses Gewürzes! In diesem Salat verschmelzen die Pfeffernoten des Senfs mit den mehligen Kartoffeln, den frischen Schalotten und dem Dill. Köstlich.

450 g mehlige Kartoffeln
grobes Meersalz
55 g Butter
3 EL gelbe Senfkörner
3 EL Dijon-Senf
2 EL Mayonnaise
60 ml Reisessig
2 EL Zucker
50 g fein geschnittene Schalotten
3 EL gehackter frischer Dill

1. Die Kartoffeln in einen großen Topf mit Salzwasser geben und aufkochen. Dann 20 Minuten köcheln lassen, bis sie gar sind. Abgießen. Wenn die Kartoffeln so weit abgekühlt sind, dass man sie anfassen kann, schälen, in eine Schüssel legen, mit Frischhaltefolie abdecken und beiseite stellen.

2. Die Butter in einer kleinen Pfanne zerlassen. Dann die Senfkörner 1–2 Minuten unter Rühren darin anrösten, bis sie anfangen aufzuplatzen. Vom Herd nehmen und die Butter-Senf-Mischung mit dem Dijon-Senf und der Mayonnaise zu den Kartoffeln geben. Die Kartoffeln mit einer Gabel etwas zerdrücken und alles gut vermischen. An einem warmen Ort beiseite stellen.

3. In der Zwischenzeit den Essig, den Zucker und ¼ TL Salz verrühren, bis sich der Zucker und das Salz aufgelöst haben. Die Schalotten unterrühren.

4. Den Dill unter den Kartoffelsalat heben und den Salat in Schalen füllen. Die Schalotten aus dem Essig nehmen und jeweils ein paar davon über den Salat geben.

Südostasiatischer Mojito
mit Thai-Basilikum und Minze

4–6 Portionen   Zubereitung: ca. 10 Min.   Geschmack: bitter/süß/kräuterwürzig

Stellen Sie sich vor: weißer Sand, rauschende Wellen, der Geruch von Kokosöl in der Luft. Warum zaubern Sie sich dieses Bild nicht mit einem gewürzten Mojito herbei? Ich hatte einige davon und will Sie deshalb vorwarnen: Verdoppeln Sie am besten die Menge und laden Sie ein paar Freunde dazu ein!

6 Blätter frisches Thai-Basilikum
6 Blätter frische Minze
2 EL Agavensirup
480 ml weißer Rum
120 ml Kokoswasser
3 EL Calamondinorangensaft (siehe Kasten S. 57) oder Orangensaft
3 EL Limettensaft
1 TL geröstetes Kreuzkümmelpulver
1 Calamondinorange oder Limette, in Scheiben

1. Das Basilikum, die Minze und den Agavensirup in einen großen Krug geben. Die Kräuter mit einem Stößel in dem Sirup zerstoßen, damit sie ihr Aroma freigeben.

2. Den Rum, das Kokoswasser, den Orangensaft, den Limettensaft und den Kreuzkümmel hinzufügen und gut umrühren.

3. Hohe Gläser mit Eis füllen und den Mojito darübergießen. Mit den Calamondinorangen- oder Limettenscheiben verzieren.

„Mein“ Currypulver

Ergibt ca. 240 ml Zubereitung: ca. 10 Min. Geschmack: bitter/erdig/scharf

Es gibt kein bestimmtes Rezept für Currypulver – jeder hat da so seine Mischung von Zutaten in unterschiedlichen Mengenverhältnissen, das er oder sie für richtig hält. Viele Köche, ich eingeschlossen, haben unterschiedliche Varianten für verschiedene Gerichte. Das hier ist meine Currypulvermischung, die ich immer zur Hand habe, wenn ich irgendetwas aufpeppen will.

6 Kardamomkapseln
eine 5 cm lange Zimtstange, vorzugsweise Saigon-Zimt
6 Pimentkörner
4 ganze Nelken
4 EL Koriandersamen
2 EL Kreuzkümmel
4 EL Kurkumapulver
2 EL weiße Pfefferkörner
2 EL grobes Meersalz

1. In einer großen Pfanne alle Gewürze außer den Pfefferkörnern und dem Salz ohne Fett insgesamt 3–4 Minuten anrösten. Dabei mit dem größten Gewürz (den Kardamomkapseln) beginnen und die anderen der Größe nach hinzufügen. Die Pfanne immer wieder schütteln, bis alle ihr Aroma entfalten. Zum Schluss das Kurkumapulver zugeben und noch einmal 15–20 Sekunden weiterrösten. Dann alle Gewürze vollständig abkühlen lassen (wenn sie noch warm sind, bleiben die ätherischen Öle in der Mühle kleben).

2. Die gerösteten Gewürze mit dem Pfeffer und dem Salz in einer Gewürzmühle sehr fein mahlen. Das Currypulver hält sich bis zu 3 Monate in einem luftdichten Behälter.

Scharf gebratenes Rindfleisch in Salat-Wraps mit eingelegten Karotten

Gelbschwanzmakrelen-Sashimi mit Yuzu-Vinaigrette

Austern mit Ananas-Algen-Sauce

Selbstgemachter Rote-Bete-Salat mit Sriracha-Sauce

Thunfisch-Tapenade mit grünen Oliven und Sellerie

Kalte Buchweizennudeln in scharf-saurer Tamarindenbrühe

Scharfe asiatische Schalotten

Gebratener Chinakohl aus dem Wok

Süß-sauer eingelegtes Gemüse

Amaretto Sour mit Tamarinde

Limonade mit Thai-Basilikum und Kreuzkümmel

Sauer

Sauer | Verloren und wiedergefunden

Sportler haben Leistungstiefs, Schriftsteller Schreibblockaden. Ich weiß nicht, wie man es nennt, wenn bei Köchen die Kreativität nachlässt, aber ich weiß, wie es sich anfühlt: extrem frustrierend, ermüdend und lähmend. Als wäre einem etwas geraubt worden – und man weiß nicht, wo man danach suchen soll.

Vor einigen Jahren war ich Berater für eine Reihe angesagter Restaurants. Ich habe ihnen dabei geholfen, neue, trendige Gerichte zu entwickeln, als ich mich eines Tages auf einmal völlig leer fühlte. Wann immer ich versuchte, mir etwas Neues einfallen zu lassen, machte mein Gehirn dicht. Als wäre mein Puls plötzlich weg. Verzweifelt suchte ich nach einem Funken Inspiration, aber da war einfach nichts. Angeblich ist so etwas gar nicht selten, aber mir war es noch nie passiert. Zuerst bekam ich Panik; wie einen Schwimmer, der in starke Strömung geraten ist, zog es mich immer weiter raus aufs Meer, je mehr ich kämpfte.

Woche für Woche, Tag für Tag besserte sich nichts. Ich wusste, ich brauchte irgendetwas, um Licht ins Dunkel zu bringen. Es war Sonntag, und ich ging in die Kirche. Mein Gottesdienst findet in der Turnhalle einer Grundschule statt. Ganz simpel: Klappstühle aus Metall, Kinderzeichnungen an der Wand und Gymnastikmatten auf dem Boden. Wie ich da so unter den Neonröhren saß, fühlte ich mich selbst wieder wie ein Schüler. Damals war ich noch entspannt und sorgenfrei. Dieser dumpfe Zustand – als würde ein Damm in mir alles zurückhalten – löste sich auf einmal auf. Zum ersten Mal seit Wochen merkte ich, wie die Spannung und die Angst in meinem Körper nachließen. Meine Gliedmaßen lockerten sich und in meinem Kopf kehrte Ruhe ein. Während ich die Musik des Gottesdienstes durch mich hindurchfließen ließ, strömte plötzlich ein wahrer Wasserfall an Ideen durch mein Gehirn.

Komplett durchkomponierte Gerichte tauchten vor meinem inneren Auge auf – jede Zutat, jedes Detail bis hin zur perfekten Garnierung. Ich hatte ein gelbes Faltblatt für den Gottesdienst in der Hand, und rings herum standen Dosen mit Stiften. Fieberhaft griff ich nach einem Stift und fing an, meine Ideen so schnell wie möglich zu notieren, aber ich kam kaum hinterher: Rote-Bete-Tapioka-Kaviar, Schalotten-Fondue mit Curry und gebratenem Hähnchen, gedünsteter Kabeljau mit Chorizo-Püree und Pistazienschaum, weiße Schokoladenbrühe mit rosa Pfefferkörnern und Schokoklößen, Apfelsuppe mit geriebenem Roquefort und Endiviensalat ... Während ich schrieb, konnte ich mir jedes einzelne Gericht vorstellen, als hätte ich es bereits hundertmal gekocht – ich konnte es beinahe schmecken.

Als ich fertig war, fühlte ich mich wie ein Kind am Weihnachtsabend. Ich war so aufgekratzt, dass ich am nächsten Tag bereits ganz früh anfing zu arbeiten, mit einer Energie, wie ich sie nie zuvor besessen hatte. Mein Souschef Ricky war da, und ich erzählte ihm, was passiert war. Er muss mich zuerst für bekloppt gehalten haben: der Koch, der durch göttliche Fügung gerettet worden war! Aber sobald er meine Rezepte hörte, lächelte er, und wir legten los. Ich musste nicht einmal darüber nachdenken, denn es kam mir vor, als hätte ich diese Gerichte schon seit Jahren in meinem Repertoire. Als ich schließlich fertig war und alles probierte, ließ ich buchstäblich das Besteck fallen. Ricky und ich sahen uns an, dann das Essen, dann wieder uns. Ich konnte es nicht fassen. Was war da passiert? Nach einer solchen Durststrecke hatte ich einen unbeschreiblichen Kreativitätsschub erlebt – wie durch Zauberhand. Ich weiß immer noch nicht, wo die Inspiration herkam, aber ich bin dankbar dafür.

Scharf gebratenes Rindfleisch
in Salat-Wraps mit eingelegten Karotten

4 Portionen Zubereitung: ca. 2,5 Std. Geschmack: sauer/kräuterwürzig/süß

Wenn Freunde zu mir zu Besuch kommen, ist das eines meiner Lieblingsgerichte. Man kann es gemeinsam zubereiten und je nach Geschmack mit Kräutern aufpeppen. Ich persönlich mag die Kombination von Thai-Basilikum, Minze und Koriander besonders. Manchmal gebe ich auch noch ein bisschen Dill dazu. Und wie jeder, der mich kennt, weiß, liebe ich es, mit den Fingern zu essen. Das ist einfach so entspannt und sexy.

Eingelegte Karotten
240 ml Reisessig
3 EL Zucker
2 große Karotten, geschält

60 ml leichte Sojasauce
2 EL geröstetes Sesamöl
3 EL Gochujang-Paste (siehe Kasten S. 70)
2 EL Zucker
225 g Steak
1 TL grobes Meersalz
frischer Koriander
frische Minze
frisches Thai-Basilikum
Blätter von 1 Kopfsalat

1. Als Erstes die Karotten einlegen. Dazu den Essig und den Zucker in einer Schüssel verrühren, bis sich der Zucker vollständig aufgelöst hat. Die Karotten auf der Reibe oder in der Küchenmaschine raspeln. In die Essigmischung geben. Im Kühlschrank mindestens 2 Std. und bis zu 24 Std. durchziehen lassen.

2. In der Zwischenzeit in einem flachen Teller die Sojasauce, das Sesamöl, die Gochujang-Paste und den Zucker verrühren, bis sich der Zucker aufgelöst hat. Das Steak mit Küchenkrepp trocken tupfen, salzen und in die Marinade legen. 1 Std. bei Zimmertemperatur stehen lassen.

3. Einen Grill oder eine Grillpfanne vorheizen. Das Fleisch aus der Marinade nehmen und von beiden Seiten grillen, bis es außen schön dunkel, aber innen noch rosa ist (insgesamt etwa 3 Minuten, je nach Dicke des Steaks). Einige Minuten auf einem Schneidbrett ruhen lassen. Das Fleisch dann gegen die Maserung in 5 mm dicke Streifen schneiden.

4. Einige Steakstreifen zusammen mit Kräuterblättchen und einem Löffel voll eingelegter Karotten (entweder direkt aus dem Kühlschrank oder bei Zimmertemperatur) in ein Salatblatt wickeln und servieren.

Gelbschwanzmakrelen-Sashimi
mit Yuzu-Vinaigrette

4 Portionen   Zubereitung: ca. 20 Min.   Geschmack: sauer/süß/kräuterwürzig

Bei Sashimi, also rohem Fisch, geht es vor allem um den puren Geschmack und die Frische des Fisches. Hier verleiht die Kombination aus saurer japanischer Yuzu-Frucht und dem pfeffrigen Olivenöl dem mageren Fleisch der Gelbschwanzmakrele etwas Fett und Pfiff. Dazu entzieht das *fleur de sel* oder „Blume des Salzes" dem Fisch die Essenz des Ozeans, während es gleichzeitig jeden Bissen knuspriger macht. Es handelt sich um ein sehr weibliches Gericht: weich, subtil und gleichzeitig sehr sinnlich.

225 g Gelbschwanzmakrele (Sashimi-Qualität)
3 EL Yuzu-Saft (siehe Kasten S. 23)
3 EL Zitronensaft
3 EL natives Olivenöl extra
2 EL Zucker
Fleur de Sel oder anderes hochwertiges Salz
frisch gemahlener schwarzer Pfeffer
4 Blätter Thai-Basilikum, in Stücke gezupft

1. Mit Hilfe einer Fischpinzette oder einer Nadelzange alle Gräten aus dem Fisch entfernen. Den Fisch gegen die Maserung in hauchfeine Scheiben schneiden. Auf einem Servierteller anrichten und kalt stellen.

2. Für die Vinaigrette den Yuzu-Saft mit dem Zitronensaft, dem Olivenöl und dem Zucker gründlich verrühren.

3. Vor dem Servieren etwas Fleur de Sel und schwarzen Pfeffer über den Fisch streuen, die Vinaigrette darüberträufeln und mit den Thai-Basilikum-Blättern garnieren.

Wenn Sie rohen Fisch servieren, müssen Sie unbedingt auf Sashimi-Qualität achten. Man sollte aus Gesundheitsgründen generell die bestmögliche Qualität kaufen, denn das garantiert gleichzeitig auch besseren Geschmack, weil die beiden Hand in Hand gehen. Wählen Sie Fisch, der nicht fischig riecht und eine leicht rosa Farbe hat.

Austern
mit Ananas-Algen-Sauce

2–4 Portionen Zubereitung: ca. 15 Min. Geschmack: sauer/süß/duftend

Als Kind verbrachte ich die Sommermonate in Wellfleet auf Cape Cod. Besonders gerne erinnere ich mich daran, wie wir am Meer nach Muscheln und Austern gegraben haben. Wir sieben Kinder schleppten dann alle unsere vollen Eimer nach Hause fürs Abendessen. Dieses Rezept lässt mich sofort an diese wunderbaren Sommer denken. Das Schöne an diesem Gericht ist die Süße der Ananas als Gegenpol zur Säure des Essigs, während die Wacholderbeeren die blumigen Noten der Frucht betonen. Und als i-Tüpfelchen verstärken die Wakame-Algen den natürlichen Meergeschmack der Austern.

240 ml Ananassaft
120 ml Reisessig
1 EL Wakame-Algen (siehe Kasten)
1 EL Zucker
1 EL Fischsauce (Nam Pla)
¼ TL grobes Meersalz
2 EL fein gehackte Schalotten
4 Wacholderbeeren, fein gehackt
12 milde, süße Austern, geöffnet, z. B. Kumamoto- oder Malpeque-Austern

1. Den Ananassaft, den Essig, die Algen, den Zucker, die Fischsauce und das Salz im Mixer pürieren. Die Flüssigkeit durch ein feines Sieb in eine Schale seihen und etwa 20 Minuten kühl stellen.

2. Vor dem Servieren die Schalotten und Wacholderbeeren unters Dressing rühren. Die Austern auf einer Platte anrichten und mit der Sauce beträufeln.

Wakame-Algen sind essbar und haben einen unglaublich süßen Geschmack sowie eine seidige Konsistenz. Vermutlich haben Sie sie in einem japanischen Restaurant schon einmal gegessen – man reicht sie gerne mit Tofuwürfeln in Misosuppe. Kaufen kann man Wakame in Asialäden.

Selbstgemachter Rote-Bete-Salat mit Sriracha-Sauce

4 Portionen Zubereitung: ca. 2 Std. Geschmack: sauer/erdig/blumig

Hierbei handelt es sich um einen Salat zum Mitnehmen – sozusagen ein Salat im Glas. Warme Herbstgewürze vermischen sich mit erdigem Gemüse und präsentieren es auf frische Weise. Dazu passt perfekt etwas cremiger Ziegenfrischkäse oder salziger Parmesan, ein gutes französisches Baguette und ein Glas Riesling: meine Vorstellung eines perfekten Picknicks.

450 g Baby-Rote-Bete ohne Kraut
6 Pimentkörner
2 ganze Nelken
1 EL Koriandersamen
1 Zweig frischer Rosmarin
2 Zweige frischer Thymian
½ TL grobes Meersalz
240 ml Wasser
60 ml Olivenöl
120 ml Reisessig
120 ml Rotweinessig
4 EL Zucker
3 EL Sriracha-Sauce

1. Den Backofen auf 200 °C/Gas Stufe 6 vorheizen. Die Rote Bete mit Piment, Nelken, Koriander, Rosmarin, Thymian und Salz zusammen mit Wasser und Öl in eine Bratform geben. Mit Alufolie abdecken und im Ofen 45 Minuten lang backen, bis die Rote Bete weich ist. Aus dem Ofen holen, das Gemüse herausnehmen und die Bratflüssigkeit in eine Schüssel füllen. Beides beiseite stellen.

2. Wenn die Rote Bete so weit abgekühlt ist, dass man sie anfassen kann, die Schale entfernen (evtl. Küchenkrepp verwenden, damit sie die Finger nicht verfärbt), vierteln und im Kühlschrank ca. 20 Minuten kalt stellen.

3. In der Zwischenzeit Reisessig, Rotweinessig, Zucker und Sriracha-Sauce unter die Bratflüssigkeit mischen. Die Rote Bete mit der Marinade in große Marmeladengläser füllen und sofort servieren oder bis zu einer Woche im Kühlschrank aufbewahren.

Thunfisch-Tapenade
mit grünen Oliven und Sellerie

4 Portionen Zubereitung: ca. 15 Min. Geschmack: sauer/scharf/salzig

Als ich in Südfrankreich gearbeitet habe, fuhr ich zusammen mit den anderen Köchen über die Grenze nach Italien auf den Markt, um frischen Thunfisch zu kaufen. Der Fischhändler schnitt direkt vor unseren Augen ein Stück Fisch ab. Das bereiteten wir noch am selben Nachmittag mit einer schnellen Tapenade zu. Ganz simpel, aber für mich ganz typisch für die Côte d'Azur. Ich habe das Originalrezept im Lauf der Jahre ein bisschen erweitert. Meine leicht veränderte Variante serviere ich gerne auf gerösteten Ciabattascheiben mit etwas gutem Olivenöl beträufelt, in Salatblätter gewickelt oder ganz pur als Salat.

225 g fein gehackter Thunfisch (Sashimi-Qualität)
1 TL grobes Meersalz
60 ml Olivenöl
½ rote Thai-Chili, gehackt
1 TL frische Thymianblättchen
6 gehackte grüne Cerignola-Oliven
3 EL fein gehackter Stangensellerie plus etwas Selleriegrün zum Verzieren

1. Den Thunfisch, das Salz, das Olivenöl, die Chili und den Thymian in einen Standmixer oder eine Küchenmaschine füllen und cremig aufschlagen.

2. Die Thunfischcreme auf einem Teller anrichten und mit den Oliven, dem Sellerie und dem Selleriegrün garnieren.

Kalte Buchweizennudeln
in scharf-saurer Tamarindenbrühe

4 Portionen Zubereitung: ca. 45 Min. Geschmack: sauer/süß/salzig

Wenn ich mal einen freien Nachmittag habe, gehe ich unheimlich gerne nach Flushing, Queens, und esse dort beim Koreaner gekühlte Nudeln. Aber ich hole mir auch gerne in Chinatown eine scharf-saure Suppe. In diesem Rezept habe ich deshalb beide Teile der asiatischen Welt vereint: die schmackhaften Buchweizennudeln mit der säuerlichen Tamarinde, die Süße der Ananas mit der Schärfe der Gochujang-Paste.

grobes Meersalz
225 g Buchweizennudeln
1 EL Traubenkernöl
120 ml Tamarinden-Paste
480 ml Ananassaft
240 ml Orangensaft
60 ml Limettensaft
60 ml leichte Sojasauce
3 EL Gochujang-Paste (siehe Kasten S. 70)
3 EL Sriracha-Sauce
3 EL Zucker
2 Frühlingszwiebeln, diagonal in Ringe geschnitten

1. Einen großen Topf mit Salzwasser zum Kochen bringen. Die Buchweizennudeln hineingeben und in ca. 4 Minuten bissfest kochen. Durch ein Sieb abgießen, in eine Schüssel füllen und mit dem Öl mischen, damit die Nudeln nicht aneinander kleben. Bis zur weiteren Verwendung in den Kühlschrank stellen.

2. Die Tamarinden-Paste, den Ananassaft, den Orangensaft, den Limettensaft, die Sojasauce, die Gochujang-Paste, die Sriracha-Sauce, den Zucker und 1 TL Salz in einem Topf verrühren und erhitzen. Zum Kochen bringen, gründlich durchmischen, dann vom Herd nehmen. Die Flüssigkeit in einen Mixer füllen und glatt pürieren. Etwa 30 Minuten in den Kühlschrank stellen, bis sie kalt ist.

3. Vor dem Servieren die Nudeln auf Suppenschalen verteilen, die gekühlte Brühe darübergießen und mit einigen Frühlingszwiebelringen garnieren.

Scharfe asiatische Schalotten

Ergibt ca. 500 ml   Zubereitung: ca. 1,5 Std.   Geschmack: sauer/süß/scharf

Das hier ist der Inbegriff eines Würzmittels. Man schmeckt immer noch den Biss der Schalotten, die Schärfe des Ingwers und die Hitze der Chili. Ich reiche diese Schalotten zu fast allem: Burger, Steak, Rührei, gebratenem Reis, Salat, Sandwichs – also, wie schon gesagt, zu beinahe allem. Ich habe sogar schon mal am Spülbecken gestanden und habe sie direkt aus dem Glas gegessen.

480 ml Reisessig
3 EL Olivenöl
100 g Zucker
1 rote Thai-Chili, fein gehackt
1 EL geriebener Ingwer
8–10 in feine Ringe geschnittene Schalotten

1. In einer mittelgroßen Schüssel den Essig, das Olivenöl, den Zucker, die Chili und den Ingwer verrühren, bis sich der Zucker aufgelöst hat. Die Schalotten hinzufügen und mindestens 1 Std. in den Kühlschrank stellen. Sobald sie kalt sind, servieren oder in einem luftdichten Behälter bis zu 3 Monate im Kühlschrank aufbewahren.

Gebratener Chinakohl aus dem Wok

4 Portionen Zubereitung: ca. 15 Min. Geschmack: sauer/salzig/scharf

Kimchi, ein beliebtes koreanisches Gericht, wird aus fermentiertem Kohl, der zuvor gesalzen und in Chili-Paste mariniert wurde, gemacht (viele Leute vergraben ihn sogar in der Erde, um so die richtige Temperatur zu bekommen und bei der Konservierung zu helfen). Meine Version ist gewissermaßen eine schnelle Variante von Kimchi, das im Wok gebraten wurde – etwas unorthodox, aber lecker. Der Trick dabei ist, den Drachenhauch-Geschmack aus dem Wok zu ziehen, denn der sorgt für eine ganz andere Dimension. Dazu gebratenen Reis servieren.

450 g Chinakohl
3 EL Traubenkernöl
2 TL zerstoßene Koriandersamen
40 g fein geschnittene rote Zwiebeln
60 ml Sambal (siehe Kasten S. 146)
3 EL Gochujang-Paste (siehe Kasten S. 70)
60 ml Rotweinessig
2 EL Fischsauce (Nam Pla)
1 TL grobes Meersalz
1 EL geröstetes Sesamöl
frische Korianderblätter

1. Den Chinakohl der Länge nach vierteln und dann die Viertel quer in große Stücke schneiden.

2. Das Öl in einem Wok oder einer tiefen Pfanne auf mittlerer Stufe erhitzen. Wenn es heiß ist, die Koriandersamen etwa 30 Sekunden darin anrösten. Die Hitzezufuhr steigern und den Kohl hinzufügen. So lange im Öl schwenken, bis er damit überzogen ist, dann die Zwiebeln dazugeben und 1 Minute weiterbraten.

3. Das Sambal, die Gochujang-Paste, den Essig, die Fischsauce und das Salz hinzufügen und 2–3 Minuten weiterkochen, dabei mehrmals umrühren, bis der Chinakohl welk, aber innen immer noch knackig ist. Auf eine Servierplatte füllen, das Sesamöl unterheben und mit den Korianderblättern verzieren.

Süß-sauer
eingelegtes Gemüse

4–6 Portionen Zubereitung: ca. 1,25 Std. Geschmack: sauer/scharf/salzig

Dieses eingelegte Gemüse gleicht einer Reise durch Asien: Es ist süß, sauer, salzig und scharf gleichzeitig. Im Restaurant bereiten wir immer große Portionen davon zu, damit wir genug zu Verfügung haben, um es zu gegrilltem Fleisch und Fisch, Spießen und Sandwichs reichen können – aber es schmeckt auch für sich allein lecker als kleiner Snack zu einem Cocktail (denken Sie an asiatische Oliven). Komischerweise scheinen viele Leute zu glauben, dass Einmachen kompliziert sei – dieses Gemüse hat zwar einen vielschichtigen Geschmack, aber es könnte nicht einfacher zuzubereiten sein.

1 EL Senfkörner
360 ml Reisessig
100 g Zucker
1 TL grobes Meersalz
½ TL Kurkumapulver
4 EL gehackter frischer Dill
1 Thai-Chili, halbiert
75 g Blumenkohlröschen
2 EL fein geschnittene Schalotten
125 g Karotten, diagonal in ca. 5 mm dicke Scheiben geschnitten

1. In einer kleinen Pfanne die Senfkörner ohne Fett bei geringer Hitze 2–4 Minuten anrösten, bis sie anfangen zu duften.

2. Den Essig, den Zucker, das Salz, die Kurkuma, den Dill, die Chili und die gerösteten Senfkörner in einer großen Schüssel verrühren. Den Blumenkohl, die Schalotten und die Karotten in die Flüssigkeit geben und ca. 1 Std. bei Zimmertemperatur marinieren.

3. Das Gemüse und die Flüssigkeit auf luftdicht verschließbare Gläser verteilen und wie gewünscht verwenden. Gekühlt halten sie ewig.

Amaretto Sour mit Tamarinde

4 Portionen   Zubereitung: ca. 10 Min.   Geschmack: sauer/süß/nussig

Auf meiner Reise durch Malaysia, vor allem in Penang, ist mir der starke indische Einfluss aufgefallen, der mich unheimlich inspiriert hat. Ich war sehr erstaunt, dass dort auf den Bäumen Tamarinden wuchsen – eigentlich eine klassisch indische Zutat! Aus dieser Erfahrung heraus habe ich diesen erfrischend säuerlichen, süßen, nussigen, köstlichen Drink kreiert. Mit einem Hauch kandiertem Ingwer gleicht er einer exotischen Reise im Glas.

4 Pimentkörner
240 ml Amaretto
4 EL Tamarinden-Paste
1 Eiweiß
60 ml Zitronen-Limetten-Limonade
3 EL Limettensaft
60 ml Agavensirup
2 EL kandierter Ingwer
Eis

1. Die Pimentkörner in einer kleinen Pfanne ohne Fett bei geringer Hitze etwa 2 Minuten anrösten, bis sie anfangen zu duften.

2. Den Amaretto, die Tamarinden-Paste, das Eiweiß, die Limonade, den Limettensaft, den Agavensirup, den kandierten Ingwer und die gerösteten Pimentkörner in einen Cocktail-Shaker geben. Gut schütteln und in mit Eis gefüllte hohe Gläser füllen. Sofort servieren.

Limonade mit Thai-Basilikum und Kreuzkümmel

4 Portionen Zubereitung: ca. 15 Min. Geschmack: sauer/süß/kräuterwürzig

Falls mein Sohn je beschließt, einen Limonadenstand aufzumachen, hätte ich gerne ein wenig Einfluss auf das Produkt, das er anbietet. Das hier wäre also mein Vorschlag für unsere gemeinsame Unternehmung: ein erfrischendes, duftendes Getränk für alle Altersgruppen. Im Ernst, ich bin sicher, das ist eine vielversprechende Geschäftsidee. Wenn Sie sie also klauen wollen und selbst einen Thai-Basilikum-Kreuzkümmel-Limonadenstand aufmachen wollen: nichts wie los!

480 ml frischer Zitronensaft
360 ml Wasser
300 g Feinzucker
2 Zweige Thai-Basilikum plus extra Blätter
2 EL Ingwerscheiben
2 TL Kreuzkümmel
Eis

1. Den Zitronensaft, das Wasser, den Zucker, das Basilikum und den Ingwer in einem großen Krug mischen.

2. Den Kreuzkümmel in einer kleinen Pfanne bei geringer Hitze etwa 2 Minuten anrösten. Den noch warmen Kümmel sofort in die Limonadenmischung geben und gut verrühren, damit sich der Zucker auflöst. Etwa 30 Minuten kalt stellen.

3. Vor dem Servieren noch einmal umrühren und auf Eis in Gläser füllen. Mit Thai-Basilikumblättern garnieren.

Knusprige Frühlingsrollen mit Orangensauce

Taiwanesische Tee-Eier

Fernöstlicher Eiersalat

Rohe Flunder mit Algen-Ponzu-Sauce

Gochujang-Rinderspieße

Vietnamesischer Rindertatar

Geschmorter Schweinebauch mit Ananas und Kimchi

Hühnchen in Soja-Tee-Marinade

Panierte Hähnchenbrust mit Bonito-Salz

Bombay-Fisch-Tacos

Chinesischer Brokkoli in Austernsauce mit Knoblauch-Chips

„Achtung-scharf“-Chili-Sauce

Umami 6

Umami | Liebevolle Strenge

Als Kind saß ich jeden Tag aufs Neue mit meiner Vesperbox auf dem Schulhof und wusste nicht, was mich erwarten würde. Meine Kindheit war in vielerlei Hinsicht anders als die anderer Kinder und in Bezug aufs Essen waren die Unterschiede besonders groß. Für mich gab es keine Erdnussbutter-Marmeladen-Brote, keine Käse-Schinken-Sandwichs, keine Kuchenschnitten und ganz bestimmt keine Chips. Nein, mein Vesper bestand eher aus eingelegten Schweinefüßen, Olivenbrot oder vielleicht einem Ochsenmaul-Sandwich. Natürlich wollte nie jemand mit mir tauschen.

Aber es gab auch den Freitag – meiner Meinung nach der beste Tag der Woche, denn das war Pizzatag in der Schulmensa. Im Gegensatz zu den anderen Kindern durfte ich mir eigentlich keine Pizza kaufen. Doch ich sparte mir die ganze Woche über heimlich meine Münzen auf, die wir uns aus Mutters Blechdose in der obersten Küchenschublade nehmen durften, um mir statt der täglichen Milchration freitags ein kostbares Stück Pizza leisten zu können. Noch heute liebe ich Pizza, und wenn mich jemand fragt, was ich mir als Henkersmahlzeit wünschen würde, dann sage ich stets: „Pepperoni-Pizza und koreanisches Kimchi". Damals jedoch war Pizza meine Erlösung.

Es hat Jahre gedauert, bis ich schätzen lernte, dass die Pausenbrote, die ich so sehr hasste, in Wirklichkeit ein Geschenk waren. Sie waren nicht besonders kindgerecht, aber sie trugen dazu bei, mich zu dem Koch zu machen, der ich heute bin, weil sie mir etwas sehr Wertvolles mit auf den Weg gegeben haben: einen geschulten Geschmackssinn und Hunger auf Abenteuer und neue Erfahrungen. Auf jeden Fall habe ich gelernt, alles zu essen (und aufzuessen, ob ich wollte oder nicht), aber auch, wie man kreativ mit Essen umgehen kann. Weil es bei uns im Schrank statt Oreo-Kekse höchstens Amaretto-Plätzchen gab, die meine ELtern so liebten, aß ich eben diese mit sauer eingelegtem Gemüse. Damals ahnte ich noch nicht, dass diese frühen Begegnungen mit ungewöhnlichen Zutaten mich lehrten, neue Geschmackskombinationen auszuprobieren statt bloß auf Bewährtes zu vertrauen.

Durch die Vesperbrote, die mir meine Mutter täglich einpackte, lernte ich auch, dass man Verständnis für den kulturellen Hintergrund einer Küche entwickeln muss. Wer beim Kochen wirklich kreativ sein will, muss offen sein für neue Herangehensweisen, andere Zutaten und weniger vertraute Aromen und Geschmacksrichtungen. Ich habe mich immer gern als Koch betrachtet, der mit einem Bein in der Vergangenheit verwurzelt ist – mit einem Bewusstsein für die Traditionen hinter den Gerichten – und gleichzeitig weiter in die Zukunft schreitet und nach neuen Kombinationen und neuen Rezepten sucht. Meine Mutter, mit all ihren sehr speziellen, traditionellen Gerichten und ihrer Abneigung gegen Fertigprodukte, hat mich gelehrt, alle verschiedenen Varianten zu respektieren und neugierig zu sein, weshalb Dinge auf eine bestimmte Weise getan werden. Sie hat mich ermutigt herauszufinden, wie ich traditionellen Gerichten einen frischen, neuen Kick verpassen kann. Dieses Geschenk würde ich für nichts auf der Welt eintauschen wollen. Danke, Mom.

Cheese
Pepperoni
Sausage
Supreme

Knusprige Frühlingsrollen
mit Orangensauce

12 Portionen Zubereitung: ca. 1,5 Std. Geschmack: umami/süß/sauer

Während meiner Arbeit in einer Dim-Sum-Küche in Hongkong habe ich gelernt, wie man Frühlingsrollen mit Eigelb einpinselt. Die Frühlingsrollen, die wir zubereiteten, waren außen knusprig, aber die Füllung blieb saftig. Ich habe diese Technik übernommen, serviere die Frühlingsrollen aber mit meiner eigenen Sauce – eine Kombination aus japanischen und südostasiatischen Aromen.

60 ml Traubenkernöl, plus mehr zum Frittieren
2 EL geriebener Ingwer
2 EL fein gehackter Knoblauch
450 g Hühnerhackfleisch
115 g geraspeltes Weißkraut
135 g geriebene Karotten
130 g klein geschnittene Shiitake-Pilze ohne Stiel
2 EL Maismehl
3 EL Wasser
125 g Wasserkastanien
225 g Krabben, geschält, entdarmt, in Stücke geschnitten
4 EL frischer Koriander, gehackt
1 EL grobes Meersalz, plus mehr nach Bedarf
120 ml leichte Sojasauce
3 EL geröstetes Sesamöl
24 Scheiben fertiger Frühlingsrollenteig
6 Eigelb

Orangensauce
3 EL Traubenkernöl
135 g gehackte Schalotten
480 ml Calamondinorangensaft (siehe Kasten S. 57) oder 240 ml Zitronensaft und 240 ml Orangensaft gemischt
225 g kandierter Ingwer
4 EL Zucker
2 EL fein gehackter Knoblauch
2 EL Kurkumapulver
2 EL Togarashi-Salz (S. 53)
1 TL grobes Meersalz

1. 60 ml Öl in einem großen Topf auf mittlerer Stufe erhitzen. Wenn das Öl heiß ist, den Ingwer und den Knoblauch darin 1–2 Minuten anschwitzen. Die Hitzezufuhr steigern, das Hühnchen hinzufügen und 2–3 Minuten anbraten, bis es halb gar ist. Dann das Kraut, die Karotten und die Pilze etwa 5 Minuten mitbraten.

2. In der Zwischenzeit das Maismehl und das Wasser zu einem dünnen, klümpchenfreien Brei verrühren.

3. Wenn das Gemüse anfängt weich zu werden, die Wasserkastanien, die Krabben, den Koriander, 1 EL Salz und die Sojasauce hinzufügen. Dabei ständig rühren. Sobald sich alles gut vermischt hat und die Sojasauce zu köcheln beginnt, den Mehlbrei dazugeben und 3 Minuten weiterrühren, bis die Flüssigkeit zu glänzen beginnt. Den Topf vom Herd nehmen, das Sesamöl untermischen, alles in eine große Schüssel geben und etwa 15 Minuten kühl stellen.

4. Für die Sauce das Öl auf mittlerer Stufe erhitzen. Dann die Schalotten 3–5 Minuten darin dünsten, bis sie gerade weich sind. Den Saft, den kandierten Ingwer, den Zucker, den Knoblauch, die Kurkuma, das Togarashi-Salz und das Meersalz hinzufügen und weitere 15 Minuten kochen. In einen Mixer füllen und glatt pürieren. Auf Zimmertemperatur abkühlen lassen.

5. Je eine Scheibe Frühlingsrollenteig auf einer sauberen Arbeitsfläche so ausbreiten, dass die Ecken von Ost nach West zeigen. Die Eidotter verquirlen und den gesamten Teig damit bestreichen. Dann etwa 3 EL Füllung auf das hintere Drittel der Teigplatte geben. Die Ecken links und rechts über die Füllung klappen und alles eng aufrollen.

6. 7,5 cm hoch Öl in eine tiefe Pfanne füllen und auf ca. 160 °C erhitzen (mit Zuckerthermometer messen). Ein mit Küchenkrepp ausgelegtes Backblech bereitstellen.

7. Wenn das Öl heiß ist, die Frühlingsrollen in die Pfanne geben. Nach ca. 2 Minuten, wenn sie goldgelb und knusprig sind, vorsichtig mit einer Schaumkelle herausnehmen und auf dem Küchenkrepp abtropfen lassen. So lange sie noch heiß sind, mit Salz bestreuen und zusammen mit der Orangensauce servieren.

Taiwanesische Tee-Eier

12 Portionen   Zubereitung: ca. 1 Std.   Geschmack: umami/salzig/rauchig

Das hier sind die hippsten hart gekochten Eier überhaupt. Man gart sie zusammen mit Räucherspeck in einer Sojabrühe (die man trinken kann), so dass sie jede Menge Aroma aufnehmen. Sie sind perfekt für den asiatischen Eiersalat auf der nächsten Seite, passen aber auch gut zu Nudeln oder Reis oder für sich als Beilage. Wer dazu noch ein Gläschen der Brühe serviert, kann seine Gäste echt beeindrucken.

12 große Eier
115 g durchwachsener Räucherspeck
4 Kardamomkapseln
2 Stück Sternanis
1 TL schwarze Pfefferkörner
920 ml Wasser
60 ml leichte Sojasauce
frische Korianderblätter
gehackte Frühlingszwiebeln

1. Wasser in einem großen Topf zum Kochen bringen und die Eier darin 7 Minuten sprudelnd kochen. Abgießen, die Eier unter kaltem Wasser abschrecken und pellen.

2. Im selben Topf den Speck auslassen. Den Kardamom und den Sternanis hinzufügen und ca. 1 Minute dünsten. Die Pfefferkörner zugeben und 2 Minuten weiterdünsten, bis die Gewürze anfangen zu duften.

3. Das Wasser, die Sojasauce und die Eier hinzufügen. Aufkochen und dann etwa 30 Minuten auf kleiner Flamme köcheln lassen. Die Eier herausnehmen, die Flüssigkeit durch ein feines Sieb in eine Schüssel seihen und die Eier wieder hineinlegen.

4. Die Eier in einer kleinen Schüssel mit je einer Tasse Brühe servieren und mit Koriander und Frühlingszwiebeln garnieren. Im Kühlschrank bis zu 2 Wochen haltbar.

Fernöstlicher Eiersalat

4 Portionen   Zubereitung: ca. 20 Min.   Geschmack: umami/erdig/kräuterwürzig

Das hier ist eine asiatische Variante des amerikanischen Eiersalates. Man kann ihn als Beilage, auf einem Bett aus Salat, als Füllung für Salat-Wraps oder sogar leicht püriert als Dip servieren. Natürlich kann man ihn auch ganz traditionell auf einer Scheibe Roggenbrot reichen.

8 Taiwanesische Tee-Eier (siehe Rezept links)
115 g Mayonnaise
2 EL Sriracha-Sauce
4 EL gewürfelter Stangensellerie
4 EL gewürfelte rote Zwiebel
1 TL gehackter frischer Thymian
3 EL gehackter frischer Koriander
3 EL fein geschnittene Frühlingszwiebel
2 EL Reisessig

1. Die Eier grob hacken und mit den anderen Zutaten vermischen. Dabei vorsichtig vorgehen, damit die Eier nicht zu sehr zerfallen. Wie gewünscht servieren.

Rohe Flunder
mit Algen-Ponzu-Sauce

4 Portionen Zubereitung: ca. 30 Min. Geschmack: umami/salzig/süß

Die Flunder ist ein sehr milder, süßlicher Fisch. Ich bereite ihn hier mit einer Algen-Ponzu-Sauce zu, um seine natürliche Süße hervorzuheben und durch eine leicht salzige Note zu ergänzen. Ein Hauch Birne in der Sauce betont den feinen Geschmack des Fisches und wirkt erfrischend. Es handelt sich um ein total simples Gericht, aber die Aromen sind unheimlich vielschichtig.

Sauce
480 ml Wasser
120 ml leichte Sojasauce
4 EL Zucker
3 EL Yuzu-Saft (siehe Kasten S. 23) oder Zitronensaft
2 EL Wakame-Algen
2 TL geriebener Ingwer
3 EL geriebene asiatische oder normale Birne
225 g Flunderfilet ohne Haut (siehe Tipp)
¼ TL Fleur de Sel oder anderes hochwertiges Salz
3 EL Olivenöl
3 EL gehackter frischer Koriander

1. Das Wasser, die Sojasauce, den Zucker, den Yuzu-Saft, die Algen, den Ingwer und die Birne im Mixer glatt pürieren. Durch ein feines Sieb streichen und im Kühlschrank 15–20 Minuten kalt stellen.

2. In der Zwischenzeit die Flunder gegen die Maserung in 5 mm große Stücke schneiden. Auf einer Platte anrichten, mit dem Fleur de Sel würzen und dem Olivenöl beträufeln. Vor dem Servieren die gekühlte Sauce über den Fisch träufeln und mit dem Koriander garnieren.

Tipp: Wer Schwierigkeiten hat, Flunder zu bekommen, kann auch einfach Doradenfilet nehmen.

Gochujang-Rinderspieße

4 Portionen **Zubereitung: ca. 1 Std.** **Geschmack: umami/scharf/süß**

Als ich vor ein paar Jahren in Bangkok unterwegs war, folgte ich immer schnuppernd dem Chili-Geruch des Grillfleisches, das an den Ständen angeboten wurde. Weil mich der Duft so begeistert und ich von Gochujang-Paste total besessen bin, habe ich mir diese leckeren Spießchen ausgedacht.

4 EL Gochujang-Paste (siehe Kasten S. 70)
2 EL Reisessig
3 EL Worcestershire-Sauce
2 EL geröstetes Sesamöl
4 EL Zucker
1 TL grobes Meersalz
225 g Rinderkamm, in 5 mm dicke rechteckige Stücke geschnitten

1. Falls Sie Holzspieße verwenden, diese mindestens 10 Minuten in Wasser einweichen, damit sie nicht splittern.

2. Die Gochujang-Paste, den Essig, die Worcestershire-Sauce, das Sesamöl, den Zucker und das Salz in einem großen flachen Teller so lange verrühren, bis sich der Zucker aufgelöst hat. Das Fleisch darin 30 Minuten bei Zimmertemperatur marinieren.

3. Einen Grill oder eine Grillpfanne vorheizen. In der Zwischenzeit das Fleisch auf die Spieße fädeln. Die Spieße von jeder Seite 1 Minute braten, bis sie außen schön braun, aber innen noch rosa sind. Sofort servieren.

Vietnamesischer Rindertatar

4 Portionen Zubereitung: ca. 20 Min. Geschmack: umami/scharf/kräuterwürzig

Geschnetzeltes Rindfleisch ist in Vietnam traditionell sehr beliebt und wird normalerweise im Wok gebraten. Tatar hingegen ist eine französische Fleischvariante – klein geschnittenes Fleisch, das roh serviert wird. Ich habe aus diesen beiden Gerichten ein neues kreiert, das Ihnen hoffentlich gefällt und vor allem schmeckt.

450 g Rinderfilet
2 EL Traubenkernöl
3 EL Olivenöl
1 EL Gochujang-Paste (siehe Kasten S. 70)
1 EL Limettensaft
2 EL Reisessig
2 EL Fischsauce (Nam Pla)
1 EL Sriracha-Sauce
2 TL geriebener Ingwer
1 ½ TL grobes Meersalz
1 TL Zucker
1 EL gerösteter Sesam
2 EL gehackte frische Minze

1. Das Fleisch zerkleinern und beiseite stellen. Eine große, tiefe Pfanne erhitzen. Sobald sie richtig heiß ist, vom Herd nehmen, das Traubenkernöl hineingeben und schwenken, so dass es den Pfannenboden bedeckt. Das Fleisch dazugeben und ganz kurz darin wenden, bis es gerade so vom Öl überzogen ist und noch fast roh ist. Das Fleisch in eine Schüssel füllen und sofort in den Kühlschrank stellen.

2. In einer zweiten Schüssel das Olivenöl, die Gochujang-Paste, den Limettensaft, den Essig, die Fischsauce, die Sriracha-Sauce, den Ingwer, das Salz und den Zucker so lange verrühren, bis sich der Zucker aufgelöst hat. Das gekühlte Rindfleisch, den Sesam und die Minze hinzufügen. Alles vorsichtig unterheben und servieren.

Geschmorter Schweinebauch mit Ananas und Kimchi

4 Portionen Zubereitung: ca. 4 Std. Geschmack: umami/süß/scharf

Die Geschmacksnuancen dieses Gerichts sind ganz eindeutig: das Umami des Schweinebauchs, die Süße der Ananas und die Schärfe des Kimchi. Mir gefällt besonders, wie die Süße und Säure der Ananas die Geschmacksnerven erfrischen und das Kimchi von der Konsistenz her eine weitere Note mit hineinbringt.

450 g Schweinebauch
480 ml Hühnerbrühe
480 ml Wasser
120 ml leichte Sojasauce
300 g fein gewürfeltes Ananasfruchtfleisch, plus dieselbe Menge Ananasreste (auch Schale funktioniert)
ein 5 cm langes Stück Ingwer, in dicke Scheiben geschnitten
1 Stängel Zitronengras, flach geklopft
1 TL grobes Meersalz
225 g fein geriebenes Kimchi (siehe S. 115)
3 EL Zucker
2 EL Olivenöl
1 EL gehackter frischer Koriander

1. Den Backofen auf 150 °C/Gas Stufe 2 vorheizen.

2. Eine große Bratform auf dem Herd erhitzen. Den Schweinebauch mit der Schwarte nach unten hineinlegen und etwa 10 Minuten scharf anbraten. Mit der Hühnerbrühe ablöschen und das Wasser, die Sojasauce, die Ananasreste, den Ingwer, das Zitronengras und das Salz hineingeben, alles aufkochen und dann köcheln lassen. Die Form mit Alufolie abdecken und 2,5–3 Std. in den Ofen stellen, bis das Fleisch zart ist.

3. In der Zwischenzeit die Ananaswürfel mit dem Kimchi vermischen. Den Zucker, das Olivenöl und den Koriander unterrühren und bis zum Servieren kalt stellen.

4. Wenn das Fleisch fertig ist, aus der Flüssigkeit nehmen. Den Bratensaft vorsichtig durch ein feines Sieb gießen und zurück in die Form geben. Etwa 10 Minuten auf mittlerer bis großer Flamme einkochen (regelmäßig umrühren), bis die Sauce die Konsistenz von flüssiger Sahne erreicht hat und den Rücken eines Löffels überzieht.

5. Den Schweinebauch in 5 cm große Stücke schneiden. Auf einer Platte anrichten, mit dem eingekochten Bratensaft übergießen und einige Löffel Ananas-Kimchi daraufgeben.

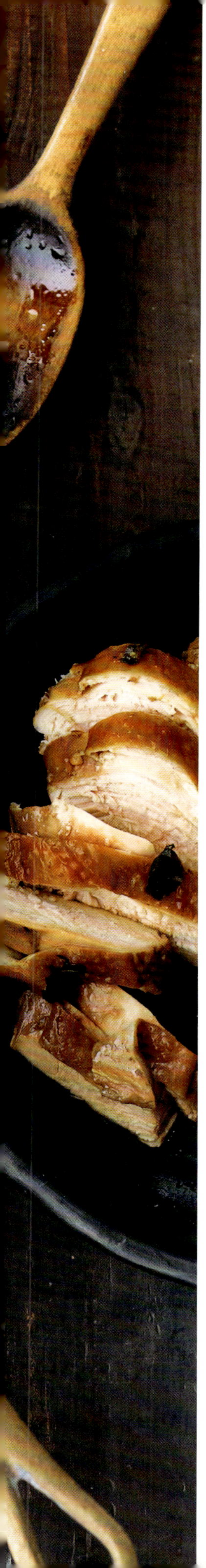

Hühnchen
in Soja-Tee-Marinade

8 Portionen Zubereitung: ca. 1 Std. Geschmack: umami/erdig/duftend

Wie man dieses Gericht zubereitet, habe ich von einer amah (Hausmagd) in Hongkong gelernt, die seit über fünfzig Jahren für die Familie kocht, bei der ich zu Besuch war. In der Version, die sie mir beigebracht hat, wird das Huhn am Stück etwa eine Stunde gedünstet – meist verwendet man dazu ein älteres Huhn, das einen intensiveren, strengeren Geschmack hat. Ich wollte aber sowohl den Geschmack als auch die Zubereitung ein wenig modernisieren, deshalb fallen in meiner Variante die Knochen weg, und ich lasse das Fleisch in einer aromatischen Flüssigkeit ziehen (genau wie bei Tee). Dadurch absorbiert das Huhn das Aroma, entfaltet seine natürliche Süße und bleibt dabei zart und saftig.

920 ml Wasser
360 ml leichte Sojasauce
200 g Zucker
3 EL Oolong-Teeblätter
1 TL grobes Meersalz
ein 5 cm großes Stück Ingwer
900 g entbeinte Hähnchenbrustfilets mit Haut
1 EL gehackter frischer Koriander

1. Das Wasser, die Sojasauce, den Zucker, die Teeblätter, das Salz und den Ingwer in einem großen Topf zum Kochen bringen. Dann die Hitze zurücknehmen und 20 Minuten köcheln lassen. Die Hitze noch mehr reduzieren, das Fleisch hinzufügen und 15 Minuten weitergaren. Den Topf vom Herd nehmen und das Hähnchen in der Flüssigkeit abkühlen lassen.

2. Wenn die Flüssigkeit Zimmertemperatur erreicht hat, die Hähnchenbrust mit einer Schaumkelle herausnehmen und gegen die Maserung aufschneiden. Die Brühe abseihen, über das Fleisch geben und mit dem Koriander garnieren.

Panierte Hähnchenbrust
mit Bonito-Salz

4 Portionen Zubereitung: ca. 30 Min. Geschmack: umami/rauchig/salzig

Dieses Rezept ist, als würde Marco Polo von Italien nach Zentralasien reisen und dabei noch einen Stopp in Japan einlegen, denn es verbindet klassische toskanische Zubereitungsart mit einigen wirklich exotischen Aromen. Und dabei ist es auch noch total einfach.

Bonito-Salz
15 g Bonito-Flocken (siehe Kasten)
1 ½ EL grobes Meersalz

1 EL Koriandersamen
1 EL Kreuzkümmel
1 EL grobes Meersalz

4 entbeinte Hähnchenbrustfilets ohne Haut
65 g Mehl
2 EL getrockneter Oregano
2 große Eier
85 g Panko (japanisches Paniermehl)
3 EL Traubenkernöl
1 Zitrone, geviertelt

1. Für das Bonito-Salz die Bonito-Flocken mit dem Salz in einer Gewürzmühle sehr fein mahlen. Beiseite stellen

2. Den Koriander und den Kreuzkümmel in einer Pfanne bei schwacher Hitze 2–4 Minuten rösten. Auf Zimmertemperatur abkühlen lassen und fein mahlen. Das Salz hinzufügen und alles gut vermischen.

3. Die Fleischstücke flach auf die Arbeitsplatte legen und mit einem scharfen Messer jedes Hähnchenbrustfilet quer so anschneiden (nicht ganz durchschneiden), dass es sich wie ein Schmetterling aufklappen lässt. Beide Hälften mit etwa 1 EL der Gewürzmischung salzen.

4. In einem flachen Teller das Mehl mit dem Oregano mischen. Die Eier in einem anderen Teller aufschlagen und verquirlen. Das Paniermehl auf einen dritten Teller geben. Die Hähnchenschnitzel zuerst im Mehl, dann in Ei und zuletzt im Paniermehl wenden. Die Brösel, wenn nötig, vorsichtig andrücken.

5. Das Öl in einer großen Pfanne erhitzen und die Schnitzel darin braten (notfalls portionsweise arbeiten). Auf einer Seite goldbraun braten, dann wenden, bis das Fleisch gar ist (insgesamt 6–8 Minuten). Überschüssiges Fett auf Küchenkrepp abtropfen lassen.

6. Die Hähnchenschnitzel mit dem Bonito-Salz würzen und mit den Zitronenspalten servieren.

Bonito-Flocken werden aus getrocknetem Fisch gemacht und vor allem in der japanischen Küche verwendet. Sie verleihen diesem Salz einen rauchigen Meergeschmack. Sie sind in den meisten Asialäden erhältlich.

Bombay-
Fisch-Tacos

4 Portionen Zubereitung: ca. 1 Std. Geschmack: umami/salzig/kräuterwürzig

Ich hatte da eine Idee für ein neues Restaurant: eine asiatische Taquería. Mexikanische Gerichte mit asiatischen Zutaten funktionieren doch garantiert klasse. Deshalb habe ich mir diese Fisch-Tacos ausgedacht: leckere Guacamole, hochwertige Maistortillas und asiatisch gewürzter Fisch. Dazu noch eine ordentliche Portion Dill und etwas Sriracha-Schärfe ... delicioso!

½ EL Kreuzkümmel
1 EL Koriandersamen
1 EL Kurkumapulver
225 g Red Snapper oder anderer magerer, weißfleischiger Fisch
½ TL grobes Meersalz
6 EL Fischsauce (Nam Pla)
2 EL Traubenkernöl
8 Maistortillas
1 mittelgroßer Eisbergsalat, geraspelt
frischer Dill

Guacamole
2 Avocados
3 EL fein gehackte Jalapeños
3 EL fein gehackte rote Zwiebel
60 ml Limettensaft
2 EL Olivenöl
3 EL frische Korianderblätter
ca. 1 TL grobes Meersalz

1. Den Kreuzkümmel, die Koriandersamen und das Kurkumapulver in einer kleinen Pfanne insgesamt 2–3 Minuten rösten, bis sie ihr Aroma entfalten. Dabei mit dem Koriander beginnen und das Kurkumapulver am Schluss hinzufügen. Die Pfanne immer wieder schütteln. Die Gewürze vollständig abkühlen lassen, dann in einer Gewürzmühle sehr fein mahlen.

2. Den Fisch in fingergroße Rechtecke schneiden und nebeneinander auf eine große Platte legen. Mit der Gewürzmischung bestäuben, das Salz darüberstreuen und mit der Fischsauce beträufeln. Mit Frischhaltefolie abdecken und bei Zimmertemperatur 30 Minuten durchziehen lassen.

3. Für die Guacamole die Avocados halbieren, die Kerne entfernen, das Fruchtfleisch herauslöffeln und grob würfeln. Die Hälfte davon mit einer Gabel zu Mus verarbeiten. Die Jalapeños, die Zwiebel, den Limettensaft, das Öl und den Koriander unterrühren. Die Avocadowürfel unterheben und nach Geschmack salzen. Beiseite stellen.

4. In einer großen Pfanne das Öl erhitzen. Dann den Fisch von allen Seiten anbraten (insgesamt 1–2 Minuten). Auf ein Backblech legen.

5. Die Maisfladen in ein feuchtes Geschirrhandtuch wickeln und in der Mikrowelle 1 Minute oder weniger erwärmen. Jeden Fladen mit einer Zange vorsichtig über eine offene Flamme ziehen, um das Aroma zu entfalten.

6. Eine Portion Salat auf jeden Fladen geben, einen ordentlichen Klecks Guacamole hinzufügen und ein Stück Fisch darauf packen. Mit dem Dill garnieren.

Chinesischer Brokkoli
in Austernsauce mit Knoblauch-Chips

4 Portionen Zubereitung: ca. 20 Min. Geschmack: umami/salzig/scharf

Dieses Gericht ist leicht zuzubereiten, hat aber viele unterschiedliche Geschmacksnuancen. Sollte ich je eine Thanksgiving Party mit asiatischem Motto machen, werde ich das servieren: Stellen Sie sich nur vor, wie toll der knackige Kai-Lan (Chinesischer Brokkoli) zu einem Truthahn auf südasiatische Art passen würde.

2 EL Traubenkernöl
1 EL in feine Scheiben geschnittner Knoblauch
1 EL geriebener Ingwer
450 g Kai-Lan, am Stück (siehe Kasten)
3 EL Wasser
3 EL Austernsauce
2 EL Worcestershire-Sauce
1 rote Thai-Chili
1 EL Rotweinessig
3 EL Zucker
2 EL geröstetes Sesamöl

1. Das Öl in einem Wok oder einer großen, tiefen Pfanne erhitzen. Dann den Knoblauch darin 2–3 Minuten goldbraun braten. Mit einer Schaumkelle herausnehmen und auf Küchenkrepp abtropfen lassen.

2. Den Ingwer ins Knoblauchöl geben. Nach 30 Sekunden den Kai-Lan hinzufügen, die Hitzezufuhr steigern und 1 Minute anbraten. Dann die restlichen Zutaten bis auf das Sesamöl dazugeben und noch mal etwa 2 Minuten garen, bis das Gemüse welk wird und mit der Sauce überzogen ist.

3. Zum Servieren den Kai-Lan auf einer Platte anrichten, das Sesamöl darüberträufeln und die Knoblauchchips darüberstreuen.

Kai-Lan oder Chinesischer Brokkoli ist ein Gemüse, dessen Geschmack Brokkoli ähnelt, aber etwas mehr Bitterstoffe hat. Die großen Blätter eignen sich perfekt für Wok-Gerichte, da sie zwar welk werden, aber trotzdem ihre Struktur behalten. Wer keinen Chinesischen Brokkoli bekommt, kann auch ganz normalen verwenden.

„Achtung-scharf"-Chili-Sauce

Ergibt etwa 1 Tasse Zubereitung: 30 Min. Geschmack: umami/scharf/erdig

Ich verwende in meinen Gerichten oft Nelken, weil sie den Gaumen ein wenig betäuben und dabei helfen, die intensiveren Gewürze zu unterdrücken, so dass sie ihr Aroma erst nach und nach entfalten. Dadurch hat unser Gehirn Gelegenheit, die unterschiedlichen Geschmacksnuancen wirklich wahrzunehmen. In diesem Rezept sind vier verschiedene Gewürzkomponenten vertreten: die Wärme der herbstlichen Gewürze (Nelken und Piment), die rauchige Note der Chipotle, die direkte Schärfe der frischen Chilis und schließlich das vergorene, gereifte Aroma der Gochujang-Paste. Es funktioniert perfekt als Würzsauce für Burger oder Tacos, aber einige Tropfen davon verleihen auch einer Karamellsauce (ja, das meine ich ernst) einen Hauch Schärfe.

6 Pimentkörner
4 Nelken
1 TL grobes Meersalz
4 EL Gochujang-Paste (siehe Kasten S. 70)
4 EL Chipotle-Chilis in Adobo-Sauce
2 rote Thai-Chilis
4 EL Zucker
120 ml Wasser
1 EL Reisessig

1. In einer mittelgroßen Pfanne die Pimentkörner und die Nelken etwa 2 Minuten bei schwacher Hitze anrösten. Vollständig abkühlen lassen und dann zusammen mit dem Salz in einer Gewürzmühle fein mahlen.

2. Die Gochujang-Paste, die Chipotles, die Thai-Chilis, den Zucker, das Wasser, den Essig und die gemahlenen Gewürze in einem kleinen Topf 15 Minuten kochen, bis die Flüssigkeit die Konsistenz von Sirup hat. In einem Mixer fein pürieren. Sofort verwenden oder in einem luftdichten Behälter bis zu 3 Monate im Kühlschrank aufbewahren.

Ananas-Sellerie-Salat mit Sambal

Pikanter Wassermelonensalat mit Aleppo-Pfeffer

Scharf-saure Chicken Wings

Geflügel-Hotdogs mit süß-saurem Kraut

Franko-vietnamesische Hummerbrötchen mit knusprigen Schalotten

Gegrillter Schwertfisch mit Paprika-Relish

Scharfes Garnelen-Sandwich

Red Snapper à la Chaca

Wok-Pak-Choi mit Pfefferschoten

Piri-Piri-Chili-Relish

Cremepudding mit Curry

Gewürztes Ketchup

Jalapeño-Zitronengras-Vinaigrette

Scharf 7

Scharf | Homage an Alain Ducasse

Das Leben ist steckt voller Überraschungen: Man nimmt sich etwas vor, glaubt genau zu wissen, welchen Weg man geht und an welches Ziel man gelangen will. Dann macht der Weg plötzlich eine unerwartete Kurve. Schicksal, Bestimmung, wie auch immer man es nennen will, irgendeine höhere Macht übernimmt, und man muss es einfach geschehen lassen. Bei mir passierte das folgendermaßen:

Ich hatte drei Monate zuvor mein erstes Restaurant, Yumcha, eröffnet und noch nie so hart gearbeitet. Morgens um 6 stand ich auf, nachts um 2 verließ ich das Restaurant. Es war Sonntag, und ich freute mich auf meinen ersten halben freien Tag seit der Eröffnung. Ich hatte vor, eine halbe Schicht zu arbeiten und meinen Souschefs dann den Rest zu überlassen.

Wie bei einer Sushi-Bar saßen im Yumcha die Gäste an einer schwarz lackierten Theke direkt gegenüber der blitzblanken, offenen Küche. Ich war also gerade ganz konzentriert dabei, etwas vorzubereiten, als mich einer meiner Köche plötzlich anstupste und meinte, Alain Ducasse, der weltberühmte französische Koch, sei gerade hereingekommen. Ich halte inne und blicke auf. Ich kann es kaum fassen. Mein Leben lang habe ich danach gestrebt, wie Ducasse zu sein. Er ist mein absolutes Idol, und jetzt steht er hier in meinem winzigen Restaurant. Nachdem ich tief Luft geholt habe, denke ich mir, „Angelo, das ist genial. Das hast du dir immer gewünscht. Nutze die Chance – gib dein Bestes.“ Nach einem weiteren tiefen Atemzug beuge ich mich über die Theke und sage schlicht: „Mr. Ducasse, willkommen. Es wäre mir eine Ehre, für Sie kochen zu dürfen.“

Dieser Salat ist ein **wunderbarer Kontrast** aus **Texturen** und Farben, eine **überwältigende Kombination** von Aromen.

Also los. Ich nehme nichts wahr außer dem Koch in mir, der die Zutaten durchgeht, Gerichte abhakt, alles in die Tat umsetzt. Als Erstes serviere ich Ducasse einen Erdnussbutter-Nudel-Salat mit Limettensorbet. Diese irre Vorspeise wird in einer Schüssel gereicht, auf der ein durchsichtiger Plastikteller mit der Garnierung liegt. Nachdem ich die Schüssel vor ihn hingestellt habe, kommt ein Kellner herbei und fegt mit einem Messerschwung den Tellerinhalt in die Schüssel. Dieser Salat besteht aus wunderbaren Farb- und Texturkontrasten und ist eine atemberaubende Kombination aus Aromen. Er ist ziemlich unorthodox und alles andere als traditionell, aber ich hoffe, dass Mr. Ducasse Spaß daran hat.

Während er anfängt zu essen, bereite ich seinen nächsten Gang vor, aber gleichzeitig versuche ich, seine Reaktion einzuschätzen. Das Beste – und Schlimmste – an einer offenen Küche ist, dass man die Gäste beim Essen beobachten kann. Ich befürchte, dass es ihm nicht gefällt; dass es einfach zu modern ist und ihm die asiatischen Einflüsse nicht munden. Als Nächstes kommt ein französisch-asiatisches Gericht aus Chili-Froschschenkeln mit knusprigem Ingwer-Knoblauch, zu dem wir einen Mini-Ananas-Cocktail im Schnapsglas servieren. Die Stimme in meinem Kopf schimpft: „Angelo, wie kannst du einem solch berühmten Koch einen Mini-Cocktail hinstellen! Das ist doch hier keine Happy Hour." Während ich mich gerade noch auf diese Weise selbst quäle, sehe ich, wie er ein kleines Buch durchblättert und sich Notizen macht. Ich wende mich an Lon, meinen Souschef, und flüstere panisch: „Was zum Teufel schreibt er sich da auf?", während ich mich an den dritten Gang mache – langsam gegarter Heilbutt in einer chinesischen Brühe mit schwarzer Bohnenpaste und Agarnudeln. Das ist das alles entscheidende Gericht. Ich stelle die Schüssel vor ihm ab, und der Kellner gießt die heiße Brühe über die Nudeln, die sich dann langsam auflösen und die Flüssigkeit mit ihrem Aroma füllen, während ein würziger Duft aufsteigt. Gespannt warten wir alle auf seine Reaktion. Er kostet und steht auf. Wir denken, es ist aus, jetzt geht er. Enttäuschung macht sich breit. Doch stattdessen dreht er sich um, neigt leicht den Kopf und wirft mir eine Kusshand zu. Mein Herz macht einen Satz. Ich bin völlig aus dem Häuschen, aber dann koche ich doch einfach weiter. Schließlich habe ich trotz allem ein Restaurant voller Leute.

Ich dachte, das wäre das Ende meiner Alain-Ducasse-Geschichte, doch am nächsten Tag erhalte ich ein Kochbuch und ein Dankesschreiben von ihm. Einen Monat später bekomme ich eine E-Mail, dass er mich gerne treffen würde, wenn er das nächste Mal in New York ist. Ich verabrede mich mit ihm in seinem Restaurant im Essex House, wo alles so geschniegelt und gestriegelt ist. Als ich dort auftauche, scheint zuerst niemand zu wissen, weshalb ich hier bin. Schließlich führt man mich in einen Raum mit drei Stühlen. Auf einem von ihnen sitzt einer von Ducasses Geschäftsführern, und ich nehme ihm gegenüber Platz. Dann kommt der Meister selbst herein. Er setzt sich und redet sofort rasend schnell auf Französisch los (noch nie in meinem Leben habe ich mir so sehr einen Dolmetscher gewünscht!). Dann klingelt sein Handy. Jemand am anderen Ende verkündet ihm, dass man ihm gerade drei Michelin-Sterne verliehen hat. Plötzlich sind beide am Telefon, es ist laut und chaotisch. Ich sitze einfach nur da. Zwischendrin scheint Ducasse sich an mich zu erinnern, denn er wendet sich mir zu und sagt: „Sie kommen mit mir nach Frankreich. Wir sehen uns in Paris." Mit diesen Worten verlässt er das Zimmer. Sein Geschäftsführer erklärt mir, dass Ducasse beeindruckt von meiner Art zu kochen ist, meiner Liebe zu Details, und von der blitzblanken Küche im Yumcha. Er erwähnt Leidenschaft und Professionalität. Ich erwidere, dass ich mir dieser großen Ehre sehr bewusst bin, aber dass ich einen Job habe und nicht so genau weiß, wie das funktionieren soll.

Das scheint ihn nicht im Geringsten zu beeindrucken. Wir verabschieden uns. Tja, und zwei Wochen später machte das Yumcha dicht. Ehe ich mich versah, betrat ich (als Lehrling) die Bühne von Ducasses Louis XV. Restaurant in Monte Carlo. Ich habe noch nie eine so wunderschöne Küche gesehen. Die Köche glichen einem Meer von Weiß und bewegten sich so anmutig wie Balletttänzer. Sie taten alles mit atemberaubender Geschwindigkeit, aber gleichzeitig mit unglaublicher Präzision und Leidenschaft. Als ich dort stand, lösten sich alle meine alten Zweifel in Luft auf. Jean-Georges zu verlassen, Yumcha zu eröffnen, jede Entscheidung meiner Karriere, die ich angezweifelt hatte, war nun bedeutungslos. Alles hatte auf diesen einen überwältigenden Moment hingeführt – ich war genau da, wo ich sein sollte. Mein Leben lang hatte ich gewusst, dass Alain Ducasse einer der größten Köche der Welt ist. Mir war nur nicht klar gewesen, auf welch wunderbare Weise er mein Leben bereichern würde.

Ananas-Sellerie-Salat mit Sambal

4 Portionen **Zubereitung: ca. 20 Min.** **Geschmack: scharf/süß/säuerlich**

Dieses Gericht kombiniert Einflüsse der malaysischen und der chinesischen Küche. Der Schlüssel dazu ist die Garnelenpaste, auch als „Belacan" bekannt, die einen unglaublich köstlichen Umami-Geschmack hat. Sie dämpft die Süße und Säure der Ananas, während der knackige Sellerie den Gaumen erfrischt.

1 EL Garnelenpaste
500 g Ananas, gewürfelt
140 g Gurke, gewürfelt
2 Stangensellerie, in 5 mm dicke Scheiben geschnitten
3 EL frischer Koriander, gehackt
120 ml Sambal
3 EL Olivenöl
3 EL Limettensaft
1 TL grobes Meersalz

1. Die Garnelenpaste in einer kleinen Pfanne etwa 3 Minuten auf mittlerer Stufe erhitzen, bis sich das Fischaroma verflüchtigt hat.

2. Die Paste dann in eine große Schüssel kratzen. Die Ananas, die Gurke, den Sellerie, den Koriander, das Sambal, das Olivenöl, den Limettensaft und das Salz hinzufügen und alles gut vermischen. Vor dem Servieren ca. 20 Minuten in den Kühlschrank stellen.

Sambal ist eine Würzsauce auf Chilibasis, die in ganz Südostasien verwendet wird – man findet sie in der Feinkostabteilung der meisten Supermärkte. Sambal verleiht fast allen Gerichten eine wunderbar scharfe Note, aber Achtung: Wer nicht daran gewöhnt ist, dem wird es schnell zu scharf. Also erst einmal vorsichtig dosieren.

Pikanter Wassermelonensalat
mit Aleppo-Pfeffer

4 Portionen Zubereitung: ca. 15 Min. Geschmack: scharf/süß/kräuter-würzig

Ich liebe diesen Salat. Er erinnert mich immer daran, wie ich früher zu Hause in Connecticut im Garten frische Wassermelone zum Mittagessen gepflückt habe – diese leuchtend grüne Schale mit den gelben Streifen, oben glatt und fast schon wächsern, während an der Unterseite noch etwas Erde klebte. Auf der Terrasse schälte und würfelte ich die Melone, gab einige frische Kräuter, etwas Aleppo-Pfeffer und griechische Oliven für eine mediterrane Note dazu. Lecker.

450 g Wassermelonenfruchtfleisch
1 TL grobes Meersalz
1 TL frischer Thymian
2 TL gemahlener Aleppo-Pfeffer (siehe Kasten S. 95)
1 EL schwarze griechische Oliven, gehackt
2 EL Olivenöl
2 EL gehackte frische Minze

1. Die Wassermelone in große Würfel schneiden, dabei alle Kerne entfernen. In einer großen Schüssel das Salz, den Thymian, den Pfeffer und die Oliven vorsichtig unter die Melonenstücke heben. Mit dem Öl beträufeln und der Minze bestreuen.

Scharf-saure Chicken Wings

2–4 Portionen Zubereitung: ca. 45 Min. Geschmack: scharf/süß/sauer

Diese super-knusprigen Hähnchenflügel sind für mich der Inbegriff perfekten Fingerfoods. Aber Achtung: Diese Seite hier könnte bei der Zubereitung ziemlich fleckig und klebrig werden!

120 ml Gochujang-Paste (siehe Kasten S. 70)
3 EL Sriracha-Sauce
75 ml Tamarindenpaste
75 ml Rotweinessig
2 EL geriebene Ingwerwurzel
100 g Zucker
200 g Mehl
480 ml Wasser
Traubenkernöl
450 g Hähnchenflügel
frische Korianderblätter

1. Gochujang-Paste, Sriracha-Sauce, Tamarindenpaste, Essig, Ingwer und Zucker in einem kleinen Topf bei mittlerer Hitze verrühren. Wenn die Flüssigkeit zu kochen beginnt, die Hitze herunterdrehen und 15 Minuten köcheln lassen. Dabei gelegentlich umrühren. In einen Mixer geben und pürieren. In eine große Schüssel füllen und beiseite stellen.

2. In einer zweiten großen Schüssel das Mehl mit dem Wasser glatt rühren. 7,5 cm hoch Öl in eine Pfanne füllen und auf 160 °C erhitzen (mit Zuckerthermometer messen). In der Zwischenzeit ein Backblech mit Küchenkrepp auslegen und bereitstellen.

3. Wenn das Öl die entsprechende Temperatur erreicht hat, die Hähnchenflügel einzeln in den Teig tauchen. Portionsweise arbeiten, damit die Pfanne nicht zu voll wird. 8–10 Minuten frittieren, bis sie goldbraun werden. Mit einer Schaumkelle aus dem Öl nehmen und auf dem vorbereiteten Backblech abtropfen lassen.

4. Die frittierten Hähnchenflügel dann in die Schüssel mit der Sauce geben und vorsichtig darin wenden. Vor dem Servieren auf einer Platte anrichten und mit dem frischen Koriander garnieren.

Geflügel-Hotdogs
mit süß-saurem Kraut

4 Portionen Zubereitung: 1,5 Std. Geschmack: scharf/sauer/süß

Als ich noch klein war, hat mich mein Großvater Angelo mit zu Baseballspielen genommen. Das fand ich immer ganz klasse, weil ich da auch Dinge essen durfte, die mir meine Eltern zu Hause nie erlaubten! Mein Sohn ist zwar noch ein bisschen zu klein, aber bis er alt genug ist, um mit mir ins Stadion zu gehen, haben sie dort hoffentlich süß-saure Kraut-Hotdogs wie diese hier.

4 EL grobes Meersalz
120 g geraspelter Grünkohl
720 ml Reisessig
100 g Zucker
2 frische Lorbeerblätter, in Stücke gezupft
1 rote Thai-Chili, fein gehackt
4 Zweige frischer Thymian
10 Wacholderbeeren
4 Geflügelwürstchen
2 EL Traubenkernöl
4 Hotdog-Brötchen

1. Das Salz in einer großen Schüssel unter den geraspelten Grünkohl mischen und 30 Minuten ziehen lassen. Den Kohl dann unter kaltem Wasser abspülen und gut abtropfen lassen (eine Salatschleuder ist hier sehr hilfreich). Den Kohl danach mit dem Essig, dem Zucker, den Lorbeerblättern, der Chili, dem Thymian und den Wacholderbeeren in eine Schüssel geben. Alles gut verrühren und beiseite stellen.

2. In der Zwischenzeit Wasser in einem mittelgroßen Topf zum Kochen bringen und die Würstchen hineinlegen. 10 Minuten ziehen lassen, abgießen und mit Küchenkrepp trocken tupfen.

3. Das Öl in einer Pfanne auf mittlerer Stufe erhitzen und die Würstchen darin von allen Seiten schön anbraten (insgesamt max. 4 Minuten).

5. Die Hotdog-Brötchen aufwärmen oder toasten, jeweils mit einem Würstchen und dem Sauerkraut füllen.

20 cl
Crisal

Franko-vietnamesische Hummerbrötchen
mit knusprigen Schalotten

4 Portionen Zubereitung: ca. 20 Min. Geschmack: scharf/süß/sauer

Das hier ist meine Variante des Hummerbrötchens wie es traditionell im US-Bundesstaat Maine gegessen wird – kombiniert mit den Aromen Südostasiens. Der luxuriöse Hummer und die knusprigen Schalotten sind allein schon von der Textur her ein Abenteuer, dem die leicht scharfe Mayonnaise genau den richtigen Kick gibt. Was soll ich da noch sagen?

115 g Mayonnaise
3 EL Reisessig
2 EL Zucker
3 EL Sriracha-Sauce
4 EL rote Zwiebeln, gehackt
3 EL frischer Dill, gehackt
1 EL frischer Estragon, gehackt
½ TL grobes Meersalz
450 g gekochtes Hummerfleisch, in grobe Stücke geschnitten
4 Brioche-Brötchen, aufgeschnitten
Butter (bei Bedarf)

Knusprige Schalotten
Traubenkernöl
65 g Mehl
50 g Schalotten, in feine Ringe geschnitten
grobes Meersalz

1. Die Mayonnaise, den Essig, den Zucker und die Sriracha-Sauce in einer mittelgroßen Schüssel so lange verrühren, bis sich der Zucker vollständig aufgelöst hat. Dann die Zwiebelwürfel, den Dill, den Estragon und das Salz zugeben und gründlich vermischen. Zum Schluss den Hummer unterheben.

2. Als Nächstes die Schalotten ausbacken: Dazu einen kleinen Topf 4–5 cm hoch mit Öl füllen. Das Öl auf 160 °C erhitzen (mit einem Zuckerthermometer prüfen). Während das Öl heiß wird, das Mehl auf einen Teller geben und die Schalotten darin wenden. Überschüssiges Mehl abklopfen. Die Ringe dann 2–3 Minuten im Öl goldgelb frittieren. Mit einer Schaumkelle herausnehmen, auf Küchenkrepp abtropfen lassen und mit Salz bestreuen.

3. Die Brötchen toasten und – wer es besonders luxuriös mag – buttern. Jeweils eine Portion Hummersalat auf die untere Brötchenhälfte geben, die knusprigen Schalotten darüberstreuen, die obere Brötchenhälfte daraufsetzen und servieren.

Gegrillter Schwertfisch
mit Paprika-Relish

4 Portionen   Zubereitung: ca. 1,5 Std.   Geschmack: scharf/salzig/süß

Als ich klein war, verbrachten wir den Sommer immer auf Cape Cod, wo ich eine Menge Schwertfisch aß. Meistens war er ganz einfach zubereitet: gegrillt mit etwas Salz und Pfeffer. Später verbrachte ich einige Zeit in der Provence, wo mich das blumige Aroma des frischen Thymians begeisterte, der überall wächst, die wunderbaren Olivenöle und die glänzenden roten Paprikaschoten auf dem Markt. Ich wollte all diese tollen Dinge irgendwie zusammenbringen – aber nicht einfach in einer französischen Tapenade. Ich wollte dem säuerlichen Geschmack der Oliven etwas Süßes entgegensetzen. Hier ist das Ergebnis:

4 rote Paprika
3 EL natives Olivenöl extra, plus mehr nach Bedarf
3 EL grüne Cerignola-Oliven, gehackt
1 rote Thai-Chili, fein gehackt
1 TL frische Thymianblättchen
¼ TL grobes Meersalz, plus mehr nach Bedarf
1 TL Zucker
Schale einer Zitrone
Traubenkernöl zum Einpinseln
4 Schwertfischsteaks (insgesamt ca. 675 g)
frisch gemahlener schwarzer Pfeffer

1. Mit Hilfe einer Grillzange die Paprika einzeln über offener Gasflamme rösten, bis sie außen schwarz werden (siehe Tipp unten). Wenn die Schale ringsherum verkohlt ist, in eine Schüssel legen und mit Frischhaltefolie abgedeckt ca. 30 Minuten stehen lassen, bis sich die Haut gelöst hat. Wenn die Schoten genug abgekühlt sind, um sie anfassen zu können, Haut, Stiele und Kerne entfernen und das Fleisch klein hacken. Zusammen mit 3 EL Olivenöl, den Oliven, der Chili, dem Thymian, ¼ TL Salz, dem Zucker und der Zitronenschale in einer Schüssel verrühren. Beiseite stellen.

2. Einen Grill (wahlweise eine Grillpfanne) vorheizen und den Rost mit Öl einpinseln. Den Schwertfisch mit Salz und Pfeffer würzen. Die Steaks auf der ersten Seite etwa 2 Minuten braten, dann wenden. Der Fisch ist gar, wenn er durch und durch milchig geworden ist und sich mit einem scharfen Messer leicht anstechen lässt.

3. Zum Servieren je ein Fischsteak auf einen Teller geben und mit einer großzügigen Portion Relish garnieren.

Tipp: Wer keinen Gasherd hat, kann die Paprika auch mit Hilfe eines heißen Grills im Backofen relativ gut bräunen.

Scharfes Garnelen-Sandwich

4 Portionen Zubereitung: 1 Std. Geschmack: scharf/salzig/rauchig

Wenn es um Aroma geht, finde ich frische Kräuter und exotische Gewürze unschlagbar, aber manchmal hat man auch Lust auf etwas ganz Normales aus der Speisekammer, das nur darauf wartet, ein bisschen aufgepeppt und auf ganz neue Weise zubereitet zu werden. Wie zum Beispiel die amerikanische Würzmischung Old Bay Seasoning. Wenn man die mit einigen sinnlichen asiatischen Noten kombiniert, erhält man eine köstliche Südstaaten-Südostasien-Mischung.

Old-Bay-Salz

4 EL Old-Bay-Seasoning-Gewürz (übers Internet erhältlich)
2 EL Paprikapulver
2 EL grobes Meersalz

Thai-Chili-Relish

115 g Zwiebeln, fein gewürfelt
2 EL Traubenkernöl
3 EL Zucker
½ TL grobes Meersalz
110 g grüne Paprika, fein gewürfelt
2 EL fein gewürfelte Jalapeño
1 TL fein gehackte grüne Thai-Chili
120 ml Reisessig

260 g mittelgroße Garnelen
3 EL Maismehl
65 g Mehl
½ TL grobes Meersalz
120 ml Wasser
Traubenkernöl
100 g geraspelter Eisbergsalat
4 EL frische Minze
4 EL frischer Koriander
4 Kartoffel- oder Hotdog-Brötchen

1. Für das Salz die Old-Bay-Gewürzmischung mit Paprika und Salz in einer kleinen Schüssel mischen.

2. Thai-Chili-Relish: Die Zwiebeln mit dem Öl 4–5 Minuten in der Pfanne anschwitzen, bis sie weich und glasig werden. Den Zucker und das Salz zugeben und verrühren. Dann die grüne Paprika, die Jalapeño und die Thai-Chili zugeben und weitere 2 Minuten kochen. Den Essig hinzufügen, die Flüssigkeit aufkochen und 3 Minuten einkochen, bis sie das Gemüse überzieht. Vom Herd nehmen und im Kühlschrank mindestens 10 Minuten kühlen.

3. Die Garnelen mit Küchenkrepp trocken tupfen. Das Maismehl in eine flache Schale geben und die Garnelen darin wenden, bis sie ringsherum leicht paniert sind.

4. Das Mehl, das Salz und das Wasser verrühren. Genug Öl in eine Pfanne geben, dass der Boden bedeckt ist. Ein Backblech mit Küchenkrepp auslegen und bereitstellen.

5. Wenn das Öl heiß ist, die Garnelen in den Teig tunken und portionsweise ausbacken (ca. 2 Minuten, bis sie goldbraun werden). Mit einer Schaumkelle herausnehmen, auf dem Küchenkrepp abtropfen lassen und sofort großzügig mit dem Old-Bay-Salz bestreuen.

6. Den Salat, die Minze und den Koriander in einer Schüssel vermischen. Die Brötchen leicht toasten, mit einer ordentlichen Handvoll Salat, den frittierten Garnelen und einem Klecks Relish füllen.

Red Snapper
à la Chaca

4 Portionen   Zubereitung: 1,5 Std.   Geschmack: würzig/süß/kräuterwürzig

Die verschiedenen Geschmacksnuancen dieses Gerichts sind unglaublich: die salzige Fischsauce, die süßen und doch leicht säuerlichen Zwiebeln zusammen mit Dill und Koriander ergeben eine überraschende, aber sehr befriedigende Mischung. Wer wie ich ein bisschen Schärfe mag, gibt am Schluss noch einige Tropfen Sriracha-Sauce darüber, deren Würze sehr gut zum salzigen Fisch passt.

2 EL Fischsauce (Nam Pla)
3 EL Kurkumapulver
4 × 170 g Red Snapper Filets
2 EL Traubenkernöl
2 EL frischer Dill, gehackt
2 EL frischer Koriander, gehackt

eingelegte Zwiebeln
2 EL Traubenkernöl
450 g Zwiebelringe
3 EL gehackter Knoblauch
1 EL Senfkörner
1 EL Kurkumapulver
100 g plus 2 EL Zucker
2 EL grobes Meersalz
240 ml Rotweinessig

1. Die Fischsauce mit dem Kurkumapulver auf einem Teller verrühren, auf den alle 4 Fischfilets passen. Die Filets in der Marinade wenden, zudecken und mindestens 1 Std. (bis zu 8 Std. sind möglich) in den Kühlschrank stellen.

2. In der Zwischenzeit die Zwiebeln einlegen: Das Öl auf mittlerer Stufe in einer großen Pfanne erhitzen. Die Zwiebeln und den Knoblauch darin 5–8 Minuten anschwitzen, bis sie weich und aromatisch werden. Wenn nötig, die Hitze reduzieren, damit sie nicht bräunen. Dann die Senfkörner und das Kurkumapulver zugeben und etwa 2 Minuten mitrösten. Den Zucker und das Salz unterrühren, dann mit dem Essig ablöschen. Die Flüssigkeit 8–10 Minuten einkochen lassen, bis die Zwiebeln damit leicht überzogen sind. Vom Herd nehmen und auf Zimmertemperatur abkühlen lassen.

3. In einer Pfanne, in die alle Filets passen, das Öl auf mittlerer Stufe erhitzen. Den Fisch darin 3–4 Minuten (je nach Dicke der Filets) auf einer Seite anbraten, bis er goldgelb und leicht knusprig wird. Dann auf der anderen Seite wiederholen. Wenn der Fisch gar ist, mit einer Portion der eingelegten Zwiebeln, garniert mit Dill und Koriander, servieren.

Wok-Pak-Choi mit Pfefferschoten

4 Portionen Zubereitung: ca. 15 Min. Geschmack: scharf/umami/beißend

Die meisten von uns würden bei diesem Rezept vermutlich nach Hinzufügen des Ingwers und des Knoblauchs instinktiv die Hitzezufuhr reduzieren – ignorieren Sie diesen Impuls! Stattdessen noch ein bisschen mehr Feuer geben, bevor Sie den Pak-Choi und die restlichen Zutaten hinzufügen. Hier geht es vor allem um Schnelligkeit: Der Pak-Choi sollte ein kleines Bisschen welk werden, aber trotzdem noch knackig und frisch bleiben. So funktioniert das bei einem echten Wok-Gemüse nach kantonesischer Art. Sobald Sie den Dreh raushaben, kann eigentlich nichts mehr schief gehen.

3 EL Traubenkernöl
1 TL gehackter Ingwer
1 TL gehackter Knoblauch
450 g Baby-Pak-Choi, der Länge nach halbiert
1 TL Austernsauce
2 EL Wasser
1 Cayenne-Pfefferschote, fein gehackt
1 TL geröstetes Sesamöl

1. Das Öl in den Wok geben und auf mittlerer Stufe erhitzen. Wenn das Öl heiß ist, den Ingwer und den Knoblauch zugeben und 1–2 Minuten anbraten, bis sie leicht goldgelb werden, dabei regelmäßig umrühren. Die Hitzezufuhr steigern, dann den Pak-Choi, die Austernsauce und das Wasser hinzufügen und unter Wenden weiterkochen. Sobald der Pak-Choi anfängt welk zu werden und sich hellgrün verfärbt, die Pfefferschote zugeben, nochmals umrühren und den Wok vom Herd nehmen. Zum Schluss das Sesamöl unterheben und sofort servieren.

Piri-Piri-
Chili-Relish

Ergibt ca. 480 ml Zubereitung: ca. 30 Min. Geschmack: scharf/süß/sauer

Piri Piri bedeutet auf Portugiesisch so viel wie „roter Teufel“, und gemeint war damit ursprünglich eine kleinschotige feurige Chilisorte. Heute bezeichnet es ganz allgemein scharfe Chilis. Ich habe diese traditionelle Zutat in ein scharfes Relish verwandelt, das man zu so ziemlich allem essen kann: Hühnchen, Fisch, Burgern oder einfach als würzige Bruschetta-Variante auf getoastete Baguettescheiben gestrichen.

4 EL Sriracha-Sauce
4 EL Gochujang-Paste (siehe Kasten S. 70)
240 ml Reisessig
100 g Zucker
1 TL grobes Meersalz
3 EL Traubenkernöl
300 g fein gehackte Zwiebeln
110 g fein gehackte rote Paprika
110 g fein gehackte grüne Paprika
4 rote Thai-Chilis, fein gehackt
1 Jalapeño-Schote, fein gehackt

1. Die Sriracha-Sauce mit der Gochujang-Paste, dem Essig, Zucker und Salz verrühren. So lange rühren (Schneebesen), bis sich der Zucker aufgelöst hat. Beiseite stellen.

2. Das Öl in einer großen Pfanne auf mittlerer Stufe erhitzen. Dann die Zwiebeln hineingeben, die Hitze auf ein Minimum reduzieren und braten, bis sie weich werden, aber noch keine Farbe annehmen (ca. 5 Minuten). Die Paprikawürfel zugeben und weitere 2 Minuten kochen. Dann die Thai-Chilis, die Jalapeño und die angerührte Sauce hinzufügen und alles zum Kochen bringen.

3. Regelmäßig umrühren, während die Flüssigkeit eindickt, bis sie das Gemüse überzieht (ca. 4 Minuten). Dann vom Herd nehmen und abkühlen lassen. Wie gewünscht servieren oder in einem luftdichten Behälter bis zu 2 Wochen im Kühlschrank aufbewahren.

Cremepudding
mit Curry

6 Portionen Zubereitung: ca. 1 Std. Geschmack: scharf/süß/würzig

Dies ist meine Art, einen französischen Klassiker mit einer indischen Note zu versehen – die ultimative Verschmelzung von scharf und cremig. Einfach gesagt: ein Genuss.

5 Kardamom-Kapseln
1 Zimtstange
¼ TL Kreuzkümmel
¼ TL Kurkumapulver
300 ml Milch
240 ml Sahne
6 Eigelb
5 EL Feinzucker
frische Korianderblättchen

1. Den Ofen auf 180 °C/Gas Stufe 4 vorheizen.

2. Für das Currypulver die Gewürze in einer kleinen Pfanne ohne Fett leicht anrösten. Dabei mit dem größten beginnen und die anderen der Größe nach zugeben, also das Kurkumapulver als letztes hinzufügen. Die Gewürze vollkommen abkühlen lassen und dann in einer Gewürzmühle fein mahlen. Beiseite stellen.

3. Die Milch und die Sahne in einem Topf bei mittlerer bis starker Hitze zum Kochen bringen.

4. Die Eigelbe in einer Schüssel aufschlagen, dann den Zucker und das Currypulver hinzufügen. Dann nach und nach in kleinen Portionen die Milch-Sahne-Mischung unterrühren – die heiße Milch soll das Ei nicht garen. Gut verrühren.

5. Die Mischung in sechs 7 cm große Auflaufförmchen füllen. Die Förmchen in eine Backform stellen und diese mit so viel heißem Wasser füllen, dass die Förmchen bis zur Hälfte im Wasser stehen. 30–45 Minuten backen, bis die Masse gestockt ist. Die Förmchen aus dem Wasser nehmen und auf einem Rost abkühlen lassen. Vor dem Servieren mit dem Koriander garnieren.

Gewürztes Ketchup

Ergibt ca. 600 ml   Zubereitung: ca. 45 Min.   Geschmack: scharf/rauchig/süß

Dieses Ketchup ist eine unglaublich köstliche Würzsauce. Vordergründig schmeckt es süß, bietet aber eine ganze Skala an verschiedenen Gewürznoten. Deshalb passt es perfekt zu einem Stück Grillfleisch, weil es neben dem kräftigen Fleischaroma die Geschmacksnerven kitzelt.

3 EL Traubenkernöl
4 EL gehackte Schalotten
1 EL geriebene Ingwerwurzel
1 EL geriebene asiatische Birne
3 EL Chipotle-Jalapeños in Adobo-Sauce
6 Pimentkörner
6 ganze Nelken
1 EL gemahlener Aleppo-Pfeffer
1 EL Ancho-Chilipulver
480 ml fertiges Ketchup
4 EL Zucker

1. Das Öl auf niedriger Stufe in einem Topf erwärmen. Die Schalotten darin 3–5 Minuten anschwitzen, bis sie weich und glasig werden. Dann den Ingwer, die Birne, die Chipotles, die Pimentkörner, die Nelken, den Aleppo-Pfeffer und das Chilipulver zugeben und 5 Minuten kochen.

2. Das Ketchup und den Zucker hinzufügen, die Hitzezufuhr erhöhen und die Flüssigkeit zum Kochen bringen. Dann die Hitze reduzieren und 15 Minuten köcheln lassen. Anschließend in einen Mixer geben und glatt pürieren. Abkühlen lassen und wie gewünscht verwenden oder in einem luftdichten Behälter bis zu 3 Monate im Kühlschrank aufbewahren.

Jalapeño-Zitronengras-Vinaigrette

Ergibt 360 ml   Zubereitung: 20 Min.   Geschmack: scharf/kräuterwürzig/süß

Dieses Rezept eignet sich perfekt dazu, Tofu vor dem Grillen zu marinieren. Die Vinaigrette passt aber auch sehr gut zu grünem Gemüse, gegrilltem Mais, Fisch und sogar Hummer. Für einen schnellen Snack träufele ich sie auch gerne über ein Stück Wassermelone.

100 g Zucker
360 ml Wasser
1 Stängel Zitronengras, flach geklopft und klein gehackt
1 Jalapeño, gehackt
1 TL Kurkumapulver
1 EL fein gehackte Korianderstängel
2 EL Olivenöl

1. Den Zucker mit dem Wasser und dem Zitronengras in einem kleinen Topf zum Kochen bringen, dann die Hitzezufuhr reduzieren und köcheln lassen. Die Jalapeño, das Kurkumapulver und den Koriander hinzufügen und 2 Minuten kochen lassen. Die Flüssigkeit dann in einen Mixer geben und glatt pürieren. Anschließend durch ein feines Sieb streichen, das Olivenöl unterrühren und die Vinaigrette mindestens 20 Minuten kühl stellen, bis sie kalt ist. Wie gewünscht verwenden oder in einem luftdicht verschlossenen Behälter bis zu 3 Tage im Kühlschrank aufbewahren.

Luftige Pitabrotchips mit geröstetem Schwarzkümmel

Gartensalat mit Soja-Trüffel-Vinaigrette

Kartoffel-Nudeln mit Soja-Glasur

Schmorrippchen mit Schokolade

Scharf gebratenes Steak mit Knoblauch-Soja-Sauce

Feurige koreanische Satay-Spieße

Rindfleisch-Tacos mit Kakao

Thunfisch-Schaschlik mit Kirschtomaten und Schafskäse

Gegrillte Wassermelone mit chinesischer Steaksauce

Schokoladen-Pastinaken-Püree

Eingelegter Blumenkohl mit Kurkuma

„Earth-Rub"-Gewürzmischung

Erdig 8

Erdig | Den Boden bereiten

Ich weiß nicht mehr, wann genau mir klar wurde, dass ich Koch werden will, aber ich erinnere mich noch, wann ich es das erste Mal gegenüber jemandem, den ich respektierte, laut aussprach.

Das war während meines ersten Jahres am Culinary Institute of America, als ich ins Büro des Rektors Ferdinand Metz marschierte und seine Sekretärin um einen Termin bat. Sie erkundigte sich lächelnd, worum es ging. Ich erklärte ihr, dass ich einfach mit ihm reden müsse, dass es sehr wichtig sei. Nein, sie konnte mir keinen Termin geben, aber sie konnte arrangieren, dass ich zusammen mit einer anderen Klasse an einem Treffen mit ihm teilnehmen durfte. Als ich dort ankam, ging ich direkt zu ihm und sagte: „Ich heiße Angelo Sosa. Den Namen sollten Sie sich merken, denn ich werde der jüngste Meisterkoch der Welt werden." Und das war's. Ich drehte mich um und ging weg! Völlig lächerlich, ich weiß, aber es war mir unheimlich wichtig, dass Ferdinand Metz wusste, wer ich war: Ein sehr junger, leidenschaftlicher und, im Rückblick, ziemlich naiver Kerl.

Jetzt klingt das albern, aber es ist mir trotzdem nicht peinlich. Damals folgte ich meinem Herzen. Ich wollte unbedingt, dass „die da oben" wissen, wie ernst es mir ist. So bin ich einfach erzogen worden. Manche Jungs haben Bilder von Mädchen in ihren Spinden, bei mir waren es Gray Kunz und Jean-Georges – Männer, die meiner Meinung nach Verehrung verdient hatten. Sie waren die größten lebenden Köche, und ich sehnte mich danach, eines Tages so zu sein wie sie.

Meine erste Ausbildung begann ich an einem Community College. Ich stand jeden Morgen um 4.30 Uhr auf, damit ich um 6 Uhr meine Arbeit in der Firmenküche von Cigna Healthcare beginnen konnte. Wenn ich früh dran war, reichte die Zeit manchmal noch für ein kurzes Nickerchen auf dem Parkplatz. Nach der Arbeit ging ich bis abends um neun zur Schule. Ich bekam etwa vier Stunden Schlaf pro Nacht, aber das war in Ordnung – immerhin war ich auf der Kochschule. Außerdem hatte ich das Glück, einen tollen Mentor zu haben. Mark, mein Chef bei Cigna, ermunterte mich, an verschiedenen Kochwettbewerben teilzunehmen, und er half mir dabei, ans CIA zu kommen.

Als ich dort anfing, kam ich mir vor wie ein Polizeirekrut, der endlich eine Knarre will. Ich konnte es kaum erwarten, die weiße Kochuniform zu tragen. Also marschierte ich ins Escoffier Room, das bekannte französische Restaurant auf dem Campus, und bat beim Küchenchef, Koch Chenus, um einen Aushilfsjob. Er war ein gefürchteter Kerl, der wie eine Statue mit leicht schief sitzender Kochmütze über die Küche wachte. Aber ich ließ einfach nicht locker. Jeden Tag nach dem Unterricht stand ich wieder da, bis er mir schließlich erlaubte, den anderen Lehrlingen zuzusehen. Nach und nach bekam ich kleine Aufgaben übertragen, bis ich schließlich ein Teil seiner Belegschaft wurde. Vermutlich war ich eine echte Nervensäge, aber er konnte sehen, dass es mir ernst war.

Und nicht nur das. Ich kochte nicht mehr bloß mit Leidenschaft, ich war wie besessen davon. Vormittags ging ich zum Unterricht, nachmittags arbeitete ich für Chenus und danach übte ich bis ein Uhr morgens fürs Junior Culinary Team. Anstatt anschließend nach Hause zu gehen und zu schlafen, war ich so aufgedreht, dass ich mich an die Bahngleise entlang des Hudson River setzte, zu den Sternen hinaufschaute und mich fragte: Würde ich gut genug sein? Konnte ich der Beste werden? Was konnte ich noch dafür tun? Ich musste Koch werden – ein erstklassiger Koch. Es ging nur noch darum, diesen Traum zu verwirklichen.

Und er wurde wahr. Dank Mark, Ligouri, Chenus, Jean-Georges, Christian Bertrand und Alain Ducasse. Ich hatte großes Glück, diese Meister als Lehrer und Mentoren zu haben. Ich weiß nicht, was sie in mir sahen – einen jungen Kerl aus einer Kleinstadt in Connecticut – aber ich bin unendlich dankbar, dass sie an mich geglaubt haben. Das hat mir die Wurzeln, die Grundlage gegeben, immer weiter zu streben und zu versuchen, der beste Koch (und Mensch) zu werden, der ich sein kann.

Luftige Pitabrotchips
mit geröstetem Schwarzkümmel

8 Portionen   Zubereitung: ca. 1 Std.   Geschmack: erdig/nussig/salzig

Der Echte Schwarzkümmel, ein Gewürz aus dem Nahen Osten, (nicht mit dem normalen Kümmel oder Kreuzkümmel verwandt) hat ein wunderbares Aroma: duftend und erdig, ähnlich wie Basmatireis. Wenn man ihn mit etwas Warmem kombiniert, hält der Duft besonders lange an. Diese Chips passen als leckerer Snack einfach so für zwischendurch oder zum Beispiel unter einen Tomatensalat gemischt.

1 EL Trockenhefe
2 EL Zucker
75 ml lauwarmes Wasser
130 g Mehl (plus extra Mehl bei Bedarf)
2 ½ TL grobes Meersalz
Olivenöl
2 TL Schwarzkümmelsamen, geröstet

1. In einer Schüssel Hefe und Zucker ins Wasser einrühren und 10 Minuten stehen lassen, bis die Hefe anfängt aufzuschäumen. Dann das Mehl und ½ TL vom Salz zugeben und gründlich unterrühren. Mit den Händen den Teig anschließend auf einer leicht bemehlten Unterlage durchkneten, bis sich ein glatter Ball formen lässt. Wirkt der Teig zu trocken, esslöffelweise etwas Wasser zugeben. Ist er zu feucht, etwas Mehl darüberstreuen.

2. Eine mittelgroße Schüssel innen mit Öl ausstreichen, den Teig hineinlegen, mit Frischhaltefolie dicht verschließen und an einem warmen Ort 15 Minuten gehen lassen.

3. Die Arbeitsfläche leicht mit Mehl bestäuben. Den Teig mit einem Wellholz zu einem 3 mm dicken Rechteck ausrollen. Dann mit einem Pizzaschneider oder scharfen Messer die Teigplatte in 1 × 1 cm große Quadrate schneiden.

4. Eine Pfanne etwa 7,5 cm hoch mit Öl füllen. Das Öl auf 160 °C erhitzen (mit einem Zuckerthermometer prüfen). In der Zwischenzeit ein Backblech mit Küchenkrepp auslegen und bereitstellen.

5. Wenn das Öl die richtige Temperatur erreicht hat, die Teigquadrate hineingeben und mit einer Schaumkelle so lange untertauchen, bis sie goldgelb werden und sich aufblähen (ca. 2 Minuten). Dann vorsichtig auf das vorbereitete Backblech geben und abtropfen lassen. Während sie noch heiß sind, mit dem restlichen Salz und dem gerösteten Schwarzkümmel bestreuen.

Gartensalat
mit Soja-Trüffel-Vinaigrette

4 Portionen Zubereitung: 15 Min. Geschmack: erdig/umami/kräuterwürzig

Ich weiß, er klingt total simpel, aber dieser Salat ist echt eine Wucht. Es ist der Dill, der alle Aromen zusammenbringt. Sie müssen ihn einfach ausprobieren.

1 kleiner Kopf Lollo-Biondi-Salat
1 kleiner Kopf Lollo-Rosso-Salat
1 kleiner Kopf Baby-Romana-Salat
55 g Rukola
240 ml leichte Sojasauce
4 EL Zitronensaft
1 EL Olivenöl
2 EL Trüffelöl
3 EL grob gehackter frischer Dill
frisch gemahlener schwarzer Pfeffer

1. Die Salatblätter nach dem Waschen klein zupfen und in eine große Schüssel geben.

2. In einer kleinen Schüssel die Sojasauce, den Zitronensaft, das Olivenöl und das Trüffelöl mit einem Schneebesen verquirlen. Das Dressing über den Salat geben, den Dill darüberstreuen, mit dem Pfeffer würzen und servieren.

Kartoffel-Nudeln
mit Soja-Glasur

6 Portionen   Zubereitung: ca. 20 Min.   Geschmack: erdig/salzig/säuerlich

Es geht in diesem Rezept darum, in Sachen Kartoffeln noch eins draufzusetzen, indem man sie wie Spaghetti präsentiert: wunderbare lange, dünne Kartoffelnudeln. Wie dick die Nudeln werden, hängt davon ab, welche Schneide man am Gemüsehobel verwendet. Eine klasse Möglichkeit, der braven Kartoffel noch etwas Pfiff zu verleihen.

60 ml leichte Sojasauce
2 EL Wasser
1 EL zerdrückter Knoblauch
8 Désirée-Kartoffeln, geschält
40 g Butter
frisch gemahlener schwarzer Pfeffer
2 EL gehackter Schnittlauch

1. Die Sojasauce mit dem Wasser und dem Knoblauch in einem Mixer zu einer homogenen Flüssigkeit verarbeiten. Durch ein Sieb in einen großen Topf gießen und beiseite stellen.

2. Mit Hilfe eines Gemüsehobels die Kartoffeln der Länge nach hobeln, so dass lange, dünne Stifte entstehen. Zusammen mit der Butter in den Topf geben und auf mittlerer Stufe erhitzen. Etwa 2 Minuten kochen, bis die Kartoffeln mit der Flüssigkeit überzogen sind. Vom Herd nehmen, in eine Servierschale geben, mit Pfeffer würzen und mit dem Schnittlauch garnieren.

Ein Gemüsehobel gehört zu den Küchengeräten, die man zwar nicht jeden Tag benutzt, die aber manchmal unabkömmlich sind. Es ist die beste Möglichkeit, diese wunderbaren, fast durchsichtigen Kartoffelnudeln oder auch hauchdünne Fenchelstücke zu bekommen. Die verschiedenen Schneideinsätze ergeben unterschiedliche Formen. Aber Vorsicht: Die Messer sind sehr scharf, und man kann sich leicht daran verletzen.

Schmorrippchen mit Schokolade

4 Portionen Zubereitung: ca. 3,5 Std. Geschmack: erdig/süß/bitter

Dieses Gericht wurde von der mexikanischen pikanten Schokoladensauce inspiriert. Ich liebe es, herzhafte Dinge mit Schokolade zu kombinieren, weil der Kontrast so unerwartet ist. In diesem Gericht betont der süße, aber doch bittere Geschmack der Schokolade das köstliche Aroma der fleischigen Rippchen, und der rauchige Anteil der Würzmischung macht das Ganze nur noch unwiderstehlicher. Am besten zusammen mit einem säuerlichen Salat servieren, wie zum Beispiel gehobelte Radieschen mit scharfer Zitronenvinaigrette.

Würzmischung
eine 5 cm lange Zimtstange
4 getrocknete Chipotle-Chilis
½ TL ganze Nelken
1 TL Pimentkörner
4 EL Kakaopulver
3 EL grobes Meersalz

2,3 kg Rinderrippen ohne Knochen
75 ml Traubenkernöl
480 ml Ketchup
300 g Zucker
240 ml Rotweinessig
120 ml Tamarindenpaste
100 g Kakaopulver
4 l Wasser
frische Minze oder Koriander

1. In einer beschichteten Pfanne bei mittlerer Hitze den Zimt, die Chipotles, die Nelken und die Pimentkörner leicht anrösten. Dabei mit dem größten Gewürz anfangen und die anderen der Größe nach hinzugeben (3–4 Minuten). Die Pfanne dabei immer wieder schütteln, bis alle ihr Aroma entfalten. Nachdem die Gewürze vollkommen abgekühlt sind, in einer Gewürzmühle sehr fein mahlen. Das Pulver dann in einer Schüssel mit dem Kakao und dem Salz mischen und beiseite stellen.

2. Die Rippchen mit Küchenkrepp trocken tupfen. Dann mit der Würzmischung einreiben und leicht mit Öl bepinseln. Auf einem Teller mindestens 1 Std. bei Raumtemperatur oder bis zu 8 Std. im Kühlschrank marinieren lassen.

3. Das restliche Öl in einem großen, tiefen Bräter bei starker Hitze erwärmen. Wenn das Öl anfängt zu schillern, die Rippchen auf allen Seiten bräunen (ca. 15–20 Min). Wenn nötig portionsweise arbeiten, damit das Fleisch gut angebraten wird und nicht anfängt zu dünsten.

4. Den Backofen auf 150 °C/Gas Stufe 2 vorheizen. In der Zwischenzeit in einem großen Topf Ketchup, Zucker, Essig, Tamarindenpaste, Kakaopulver und Wasser verrühren. Bei mittlerer Hitze zum Köcheln bringen und dabei immer wieder umrühren, bis sich der Zucker aufgelöst hat. Die angebratenen Rippchen im Bräter mit der Ketchup-Mischung übergießen, mit Alufolie oder einem Deckel abdecken und im Ofen 2,5 Std. schmoren lassen, bis sie weich sind.

5. Die fertigen Rippchen herausnehmen und auf ein Backblech legen. Die Schmorflüssigkeit vorsichtig durch ein feines Sieb in einen Topf gießen. Auf mittlerer Flamme reduzieren, bis sie die Konsistenz dicker Sahne hat und die Rückseite des Löffels überzieht (dabei regelmäßig umrühren). Vom Herd nehmen.

6. Im Backofen den Grill einschalten und die Rippchen mit der eingedickten Sauce bestreichen. 23 Minuten unter den Grill schieben, bis sie glänzen. Dabei aufpassen, dass sie nicht verbrennen. Mit frischer Minze oder Koriander garniert servieren.

Scharf gebratenes Steak
mit Knoblauch-Soja-Sauce

4 Portionen   Zubereitung: ca. 30 Min.   Geschmack: erdig/säuerlich/umami

Lassen Sie sich von der Schlichtheit dieses Steaks nicht abschrecken – die Kombination aus scharf Angebratenem und Butter bringt das Aroma des Fleisches voll zur Geltung, und der Umami-Geschmack der Sojasauce zusammen mit dem süßen Knoblauch ist einfach nur köstlich. Was ich als Beilage empfehlen würde? Am besten eine Portion meines eingelegten Blumenkohls (S. 184), weil die Säure den perfekten Gegenpart zum Steakaroma bildet.

60 ml leichte Sojasauce
3 EL Worcestershire-Sauce
1 EL Knoblauch, in dünne Scheiben geschnitten
115 g Butter
4 × 225 g Rindersteak aus der Lende
grobes Meersalz
frisch gemahlener schwarzer Pfeffer
3 EL Traubenkernöl
1 EL frische Thymianblättchen

1. Die Sojasauce, die Worcestershire-Sauce, den Knoblauch und die Hälfte der Butter in einem Topf bei mittlerer Hitze verrühren. 5–7 Minuten köcheln lassen, bis die Flüssigkeit einzudicken beginnt und die Rückseite eines Löffels überzieht. Vom Herd nehmen und beiseite stellen.

2. In der Zwischenzeit die Steaks mit Küchenkrepp trocken tupfen und mit Salz und Pfeffer würzen. In einer großen Sauteuse (eine hochwandige Pfanne zum Sautieren) das Öl bei mittlerer Hitze erwärmen. Wenn das Öl heiß ist, die Steaks hineinlegen und 2–4 Minuten anbraten (je nach Dicke der Steaks), bis sie gut Farbe angenommen haben. Das Fleisch wenden und die restliche Butter zusammen mit dem Thymian zugeben. Mit Hilfe eines Löffels die Steaks während des Bratens mit der Butter-Thymian-Mischung beträufeln.

3. Wenn das Fleisch fertig ist, die Pfanne vom Herd nehmen. Falls noch Thymian-Butter-Saft übrig ist, diesen über die Steaks löffeln und diese 2 Minuten ruhen lassen. Vor dem Servieren gegen die Maserung in Scheiben schneiden und mit der Knoblauch-Soja-Sauce beträufeln.

Feurige koreanische
Satay-Spieße

6–8 Portionen Zubereitung: ca. 1 Std. Geschmack: erdig/scharf/rauchig

Meine neueste Leidenschaft ist die koreanische Küche. In New York bin ich ständig auf der Suche nach neuen Restaurants, die ich ausprobieren könnte. Aber wenn es um bulgogi geht – also gewissermaßen um dieses Rezept hier – dann koche ich es am liebsten selbst. Es gibt nichts Schöneres, als die Terrasse oder den Garten in eine koreanische Grillstube zu verwandeln. Und meiner Meinung nach ist Grillen nicht nur etwas für warmes Wetter. Im Winter spricht die Mischung aus heißem Feuer, kalter Luft und dem rauchigen Aroma dieser Spieße die Sinne erst so richtig an.

120 ml Gochujang-Paste (siehe Kasten S. 70)
60 ml Sriracha-Sauce
3 EL Sesamöl
60 ml leichte Sojasauce
3 EL Traubenkernöl, plus extra für den Grill
60 ml Reisessig
4 EL Zucker
1 kg Schweineschulter mit Knochen

1. Gochujang-Paste, Sriracha-Sauce, Sesamöl, Sojasauce, Traubenkernöl, Essig und Zucker in einem großen, tiefen Teller verrühren, bis sich der Zucker aufgelöst hat und eine gleichmäßige Konsistenz erreicht ist.

2. Mit Hilfe eines sehr scharfen Messers das Fleisch in 3 mm dicke Scheiben schneiden, etwa 7,5–10 cm lang. Das Fleisch in den Teller mit der Marinade geben und bei Zimmertemperatur etwa 30 Minuten durchziehen lassen.

2. In der Zwischenzeit Holzspieße mindestens 10 Minuten lang in Wasser einweichen (dadurch reduziert sich das Splitterrisiko). Wenn das Fleisch mariniert ist, die Scheiben vorsichtig auf die Spieße fädeln. Die restliche Marinade zurückbehalten, um die Spieße beim Grillen damit zu bestreichen.

3. Einen Grill anheizen oder eine Grillpfanne bei mittlerer Hitze erwärmen. Den Grill oder die Pfanne mit Öl bestreichen und die Spieße auf die heißeste Stelle legen. Rundherum garen – dabei etwa jede Minute umdrehen und jeweils mit der restlichen Marinade bestreichen – das sollte etwa 2–3 Minuten dauern. Sofort servieren.

Rindfleisch-Tacos mit Kakao

4 Portionen Zubereitung: ca. 1,5 Std. Geschmack: erdig/bitter/süß

Kakao und Rindfleisch passen ausgezeichnet zueinander. Die Schokoladenaromen zusammen mit dem kräftigen Geschmack des Rinds, eingewickelt in die geröstete Süße des Maisfladens, sind einfach nur köstlich. Das eingelegte Gemüse und der Koriander sorgen für eine willkommene Säure und Frische – ein echter Gaumenschmaus.

1 EL Koriandersamen
1 EL Kreuzkümmelsamen
4 EL ungesüßtes Kakaopulver
4 EL grobes Meersalz
225 g Rindfleisch
3 EL Traubenkernöl
135 g geraspelte Karotten
120 g geraspelte Gurke
50 g Bohnensprossen
240 ml Gochujang-Paste (siehe Kasten S. 70)
3 EL Sesamöl
60 ml Reisessig
3 EL Zucker
8 Maistortillas (gute Qualität)
frischer Koriander

1. In einer kleinen Pfanne die Koriander- und Kreuzkümmelsamen ohne Fett bei mittlerer Temperatur leicht anrösten, bis sie ihre Aromen entfalten (ca. 2 Minuten). Erst wenn die Gewürze vollkommen abgekühlt sind, diese zusammen mit dem Kakaopulver und 1 EL des Salzes in einer Gewürzmühle sehr fein mahlen.

2. Das Fleisch mit Küchenkrepp trocken tupfen und danach mit dem Öl und der Gewürzmischung gründlich einreiben (übriges Würzpulver in einem luftdichten Behälter für später aufbewahren). Bei Zimmertemperatur 30 Minuten ziehen lassen.

3. In einer Schüssel die Karotten, die Gurke, die Bohnensprossen und die restlichen 3 EL Salz vermischen und 30 Minuten ruhen lassen. Dann das Gemüse abwaschen, die überschüssige Flüssigkeit herausdrücken und beiseite stellen. In der Zwischenzeit die Gochujang-Paste mit dem Sesamöl, dem Essig und dem Zucker in einer zweiten großen Schüssel verrühren. Das Gemüse hinzufügen und alles gründlich verrühren.

4. Einen Grill oder eine Grillpfanne auf mittlerer Stufe erhitzen und das Fleisch braten, bis es außen leicht verkohlt, innen aber noch rosa ist (ca. 2 Minuten pro Seite). Einige Minuten ruhen lassen, dann gegen die Maserung in dünne Scheiben schneiden.

5. Die Tortillas in ein feuchtes Geschirrhandtuch wickeln und ca. 1 Minute oder weniger in die Mikrowelle legen, bis sie weich sind. Mit Hilfe einer Zange jeden Fladen kurz über offener Flamme rösten (dabei einmal wenden), um die Maisaromen freizusetzen.

6. Vor dem Servieren jeweils einen Löffel des marinierten Gemüses auf die Fladen verteilen, einige Streifen Fleisch darüberlegen und mit einigen Korianderblättchen verzieren.

Thunfisch-Schaschlik
mit Kirschtomaten und Schafskäse

4 Portionen   Zubereitung: ca. 30 Min.   Geschmack: erdig/kräuterwürzig/säuerlich

Beim Wort Schaschlik denken die meisten Menschen an ein gekochtes Gericht, aber diese Variante ist ein frischer Sommergenuss. Es geht dabei vor allem um die Reinheit der Zutaten: milder Thunfisch, süße Wassermelone und frische Kräuter. Und glauben Sie mir: Käse und Fisch passen durchaus sehr gut zusammen.

225 g Thunfisch (Sashimi-Qualität)
225 g Wassermelonenfruchtfleisch ohne Kerne
frische Oreganoblätter
6 Kirschtomaten, halbiert
frische Thai-Basilikum-Blätter
125 g Schafskäse
3 EL Olivenöl
3 EL Zitronensaft
Fleur de Sel oder ein anderes hochwertiges Meersalz
frisch gemahlener schwarzer Pfeffer

1. 12 Holzspieße mindestens 10 Minuten in Wasser einweichen, damit sich später keine Splitter bilden.

2. In der Zwischenzeit den Thunfisch und das Wassermelonenfruchtfleisch in 1 × 1 cm große Würfel schneiden. Zuerst ein Stück Fisch aufspießen, dann ein Oreganoblatt, dann eine Tomatenhälfte, dann ein Blatt Thai-Basilikum und zum Schluss einen Würfel Wassermelone. Mit allen Spießen wiederholen und bis zum Servieren kalt stellen.

3. Den Schafskäse mit dem Olivenöl und dem Zitronensaft im Mixer pürieren, bis eine homogene Masse entsteht.

4. Zum Servieren etwas Fleur de Sel und Pfeffer über die Spieße streuen und diese mit dem Schafskäse-Dressing beträufeln.

Gegrillte Wassermelone
mit chinesischer Steaksauce

4 Portionen   Zubereitung: ca. 20 Min.   Geschmack: erdig/süß/scharf

Ja, es funktioniert wirklich. Und auch wenn es Ihnen komisch vorkommt, Wassermelone zu grillen, kann ich Ihnen versichern, dass die Süße der Frucht mit dem Röstaroma vom Grill absolut einmalig ist. Die Melone hat beinahe die Struktur von Steak, während der salzige, würzige Geschmack der chinesischen Sauce einen vertrauten, aber unerwarteten Kick gibt.

240 ml Steaksauce
3 EL leichte Sojasauce
2 EL Gochujang-Paste (siehe Kasten S. 70)
1 EL geröstetes Sesamöl
Traubenkernöl
225 g Wassermelonenfruchtfleisch ohne Kerne, in 1 cm dicke Scheiben geschnitten
¼ TL Fleur de Sel oder ein anderes hochwertiges Meersalz
frische Korianderblätter
3 EL Olivenöl

1. Steaksauce, Sojasauce, Gochujang-Paste und Sesamöl in einem kleinen Topf bei mittlerer Hitze verrühren. Aufkochen, dabei weiterrühren, dann vom Herd nehmen. In einen Mixer geben und glatt pürieren. Beiseite stellen.

2. Einen Grillrost oder eine Grillpfanne leicht mit Öl bepinseln und auf mittlerer Stufe erhitzen. Die Melonenscheiben auf die heißeste Stelle legen. So lange grillen, bis sich die Streifen des Grillrosts abzeichnen, 1–2 Minuten pro Seite. Auf einen Teller geben, mit dem Salz bestreuen, die Sauce rings um die Melone geben, mit dem Koriander garnieren und zum Schluss mit dem Olivenöl beträufeln.

Schokoladen-Pastinaken-Püree

6 Portionen Zubereitung: ca. 30 Min. Geschmack: erdig/süß/bitter

Frühstücksflocken mit Schokolade haben mich zu diesem Gericht inspiriert. Wenn man die isst, mischt sich die Süße des Kakaos mit der Milch, und genauso funktioniert es auch bei diesem Püree. Wer will, kann es sogar noch mit einer Handvoll Schoko-Frühstücksflocken garnieren!

450 g geschälte, gewürfelte Pastinaken
480 ml Wasser
240 ml Milch
4 EL Zucker
1 TL grobes Meersalz
4 EL ungesüßtes Kakaopulver
30 g Butter

1. Die Pastinaken mit dem Wasser, der Milch, der Hälfte des Zuckers und dem Salz auf mittlerer Stufe in einem Topf zum Kochen bringen. Dann die Hitze reduzieren und so lange köcheln lassen, bis das Gemüse weich ist (ca. 10 Minuten).

2. Die Pastinaken abgießen – dabei 120 ml der Flüssigkeit auffangen – und in einen Mixer geben. Das Kakaopulver, den restlichen Zucker und die Butter hinzugeben und glatt pürieren. Wenn das Püree zu fest wird, etwas von der zurückbehaltenen Flüssigkeit zugeben. Wenn nötig, erneut erhitzen und als Beilage servieren.

Eingelegter Blumenkohl mit Kurkuma

12 Portionen Zubereitung: 1 Tag Geschmack: erdig/säuerlich/kräuterwürzig

Das ist sozusagen Indien aus dem Glas. In Indien wird die Kurkumawurzel als Färbemittel für Seide verwendet, aber es handelt sich auch um ein traditionelles Gewürz in der indischen Küche. Kurkuma schmeckt leicht beißend, aber gleichzeitig einen Hauch streng. Meiner Meinung nach verleiht sie vor allem Curry-Gerichten eine ganz besondere Note. Hier verwende ich es, um dem eingelegten Blumenkohl sowohl das Aroma als auch die wunderbare bernsteingelbe Farbe zu geben. Die „Pickles" reiche ich dann zu jeglicher Art von gegrilltem Fleisch oder Fisch, vor allem zu Burgern.

8 Kardamom-Kapseln
4 Pimentkörner
1 EL Senfkörner
2 EL Kurkumapulver
720 ml Reisessig
200 g Zucker
2 TL grobes Meersalz
6 Zweige frischer Dill
2 rote Thai-Chilis, halbiert
2 Köpfe Blumenkohl, in Röschen geschnitten

1. Die Kardamom-Kapseln, die Pimentkörner, die Senfkörner und das Kurkumapulver ohne Fett in einer mittelgroßen Pfanne bei mittlerer Hitze leicht anrösten. Dabei mit dem größten Gewürz anfangen und die anderen der Größe nach zugeben. Die Pfanne ab und zu schütteln, bis alle ihr Aroma entfalten, was insgesamt etwa 3–4 Minuten dauern sollte. Abkühlen lassen.

2. In einer großen Schüssel den Essig, den Zucker, das Salz, den Dill, die Chilis und die gerösteten Gewürze vermischen. Die Blumenkohlröschen in die Marinade legen und gründlich unterheben. Den Blumenkohl samt Flüssigkeit in luftdichte Behälter geben und vor dem Verzehr mindestens 24 Stunden ziehen lassen. Der eingelegte Blumenkohl hält sich auf diese Weise im Kühlschrank bis zu einen Monat.

„Earth-Rub“-Gewürzmischung

Ergibt etwa 165 ml Zubereitung: ca. 15 Min. Geschmack: erdig/rauchig/nussig

Wenn man diese Gewürzmischung probiert, schmeckt man zuerst das leichte Mentholaroma des schwarzen Kardamoms, bevor es die rauchigen Noten überdecken. Die Süße des Aleppo-Pfeffers ist absolut köstlich, und die Koriander- und Schwarzkümmelöle runden das Ganze ab. Achtung: Ich verwende die Gewürzmischung nur in Verbindung mit rotem Fleisch, weil dessen Geschmack mit diesen intensiven Aromen mithalten kann.

2 Kapseln schwarzer Kardamom
2 EL schwarze Pfefferkörner
4 EL Koriandersamen
2 EL Schwarzkümmel
2 EL gemahlener Aleppo-Pfeffer
1 EL grobes Meersalz

1. In einer Pfanne bei mittlerer Hitze und ohne Fett alle Zutaten außer dem Salz leicht anrösten. Dabei mit den größten Gewürzen beginnen und die anderen der Größe nach hinzugeben. Die Pfanne dabei immer wieder schütteln, bis sie ihr Aroma entfalten (ca. 4–6 Minuten). Vollkommen abkühlen lassen. Zusammen mit dem Salz in einer Gewürzmühle grob mahlen. Die Mischung hält sich in einem luftdichten Behälter bis zu 3 Monate.

Frittierter Tintenfisch mit scharfem Sesamsirup

Romanasalat mit Sesam-Vinaigrette

Koreanischer Krautsalat mit Sesam

Buchweizennudeln mit scharfem Cashew-Dressing

Milchshake mit geröstetem Reis

Senfkorn-Relish

Blumenkohl-Mandel-Püree

Scharfes Erdnussbutter-Dressing

Nussig 9

Nussig | Auf meinen Bauch hören

Mein Vater erzog mich in dem Glauben, dass es eine richtige Art gibt, die Dinge zu tun. Also bin ich aufs College gegangen, um die richtige Art zu kochen zu lernen. Ich habe für unglaubliche Köche gearbeitet, die mir beigebracht haben, wie man eine Küche führt. Aber ich habe auch gelernt, dass es letztlich nicht nur eine einzige richtige Art gibt. Es kommt auch viel auf das eigene Bauchgefühl an, diesen Instinkt, was richtig für einen selbst ist – auch wenn das für andere vielleicht nicht gilt –, und zu lernen, darauf zu hören.

Nachdem ich für Jean-Georges und Ducasse gearbeitet hatte, rieten mir die Leute davon ab, eine Sandwich-Bar zu eröffnen, weil es angeblich nicht meinem Niveau entsprach. Aber es war das Richtige. Sie haben auch gesagt, ich solle nicht bei einer Reality Show mitmachen, denn das wäre nicht gut für meinen Ruf. Aber es war eine der besten Erfahrungen meines Lebens. Manche Leute finden, ich sollte keine Burger und Tacos kochen, aber es sind leckere Burger und Tacos, und ich habe eine Menge Spaß dabei. Ich habe Jahre gebraucht, um zu lernen, meinem Instinkt zu vertrauen, aber eines weiß ich ganz sicher: Nur so bin ich glücklich. Nur wenn ich meinem Herzen folge, bleibe ich mir selbst treu.

Dieses Buch zu schreiben, war wie eine Art Therapie: Es bot mir nicht nur die Gelegenheit einige meiner Lieblingsrezepte zusammenzutragen (als würde man seine Schränke neu ordnen – ein tolles Gefühl!), sondern ich konnte dadurch auch noch einmal über die verschiedenen Phasen meines Lebens nachdenken. Was ich getan habe und warum und was daraus geworden ist. Das war teilweise ganz schön hart, denn es gab schon einige dunkle Momente. Manche Erinnerungen haben mich laut auflachen lassen. Manche waren so schön, dass mir die Tränen in die Augen stiegen. Alles in allem war das Leben bisher unglaublich befriedigend – und ich habe dabei viele Lektionen gelernt. Die wichtigste von ihnen, im Rückblick: mich um das Hier und Jetzt zu kümmern. Schließlich weiß niemand, was der nächste Tag bringt, deshalb muss man auf das Acht geben, was man in diesem Moment hat, denn nur dessen kann man sich sicher sein. Natürlich träume und plane ich immer noch in die Zukunft, aber ich weiß, wie wichtig es ist, den Augenblick zu genießen und zu erleben.

Ich schreibe dieses Buch für meinen Sohn. Obwohl er noch klein ist, musste er schon einige ernste Gesundheitsprobleme überstehen. Ich möchte ihn wissen lassen, dass er im Leben alles erreichen kann, wenn er seinem Herzen folgt und mit Leidenschaft bei der Sache ist. Ich möchte, dass er versteht, dass wir auf viele Dinge keinen Einfluss haben – wo wir herkommen, wer unsere Eltern sind oder wie begabt wir sind. Doch wir haben alle Träume und die Kraft, ihnen zu folgen, egal wohin sie uns führen. Niemand sonst kann über unsere Träume bestimmen, sie uns wegnehmen oder uns von ihnen abbringen.

Ich habe davon geträumt, Koch zu werden, und durch viel Arbeit, unglaubliche Unterstützung von außen und einen festen Glauben an mich selbst ist dieser Traum wahr geworden. Ich wollte ihn unbedingt verwirklichen, und das habe ich geschafft. Es mag nicht immer ein geradliniger Weg gewesen sein, aber es war der richtige für mich. Und das reicht mir vollkommen.

SRIRACHA
HUY FONG
NET WT. 28 OZ.

Frittierter Tintenfisch
mit scharfem Sesamsirup

4 Portionen Zubereitung: ca. 30 Min. Geschmack: nussig/süß/scharf

Ich esse unheimlich gern mit den Fingern, weil es etwas Sinnliches hat, und Tintenfisch ist das perfekte Fingerfood. Natürlich macht man sich ein bisschen schmutzig, sogar ein bisschen klebrig wegen des scharfen Sirups, aber das ist es wert. Ich serviere den Tintenfisch mit der Sauce überträufelt in einer großen Schüssel, so dass alle sich bedienen und hinterher die Finger ablecken können – das ist das Beste daran.

3 EL Sesam
4 EL Mehl
2 EL Paprikapulver
60 ml gekühltes Mineralwasser
Traubenkernöl
4 EL Maismehl
450 g Tintenfisch, Körper in Quadrate geschnitten, Tentakel am Stück
1 Zitrone, in Spalten
frische Korianderblätter

Scharfer Sesamsirup:
2 EL Traubenkernöl
2 EL fein gehackter Knoblauch
100 g Zucker
2 TL grobes Meersalz
60 ml Reisessig
60 ml Sriracha-Sauce
2 EL Sesamöl (geröstet)

1. In einer beschichteten Pfanne die Sesamkörner bei mittlerer Hitze ca. 2 Minuten leicht rösten, bis sie goldgelb werden, dann beiseite stellen.

2. In derselben Pfanne für den Sesamsirup das Traubenkernöl bei mittlerer Hitze erwärmen. Den Knoblauch hinzugeben und 2–3 Minuten andünsten, bis er weich ist. Den Zucker und das Salz einrühren. Dann den Essig, die Sriracha-Sauce und das Sesamöl hinzufügen und so lange auf kleiner Flamme köcheln lassen, bis der Zucker sich aufgelöst hat. Vom Herd nehmen, abkühlen lassen. Glatt pürieren und beiseite stellen.

3. In einer großen Schüssel das Mehl, das Paprikapulver und das Mineralwasser zu einem glatten Teig verarbeiten. Bis zur Verwendung kalt stellen.

4. Eine große Pfanne 7,5 cm hoch mit Öl füllen und das Öl auf 160 °C erhitzen (mit Zuckerthermometer prüfen). In der Zwischenzeit ein Backblech mit Küchenkrepp auslegen.

5. Wenn das Öl heiß ist, das Maismehl in eine Schüssel füllen und die Tintenfischstücke darin gründlich wenden. Überschüssiges Mehl abklopfen. Danach direkt in den Mineralwasserteig tunken. In der Pfanne ca. 3 Minuten frittieren, bis sie knusprig goldbraun sind. Wenn nötig, portionsweise arbeiten. Vorsichtig mit einer Schaumkelle herausnehmen und auf dem Küchenkrepp abtropfen lassen.

6. In einer großen Schüssel anrichten, mit dem Sesamsirup beträufeln und mit den gerösteten Sesamkörnern bestreuen. Zum Schluss einen Spritzer Zitrone darübergeben und mit Korianderblättern garnieren.

Der Schlüssel zu knusprig Frittiertem ist es, die Öltemperatur konstant zu halten. Wird das Öl zu heiß, brennt es an und schmeckt bitter. Ist es zu kalt, fehlt die knusprige Hülle und das Essen schmeckt ölig. Deshalb empfehle ich ein spezielles Thermometer zu verwenden, denn dieser Tintenfisch ist zu lecker, um ihn falscher Temperatur auszusetzen.

Romanasalat
mit Sesam-Vinaigrette

4 Portionen   Zubereitung: ca. 20 Min.   Geschmack: nussig/scharf/erdig

Geröstetes Sesamöl hat ein ganz intensives Aroma, so dass schon eine kleine Menge ausreicht. Beim Kochen mit Sesamöl ist es extrem wichtig, es erst ganz zum Schluss hinzuzufügen, damit es nicht bitter wird. In diesem Rezept mildert der Zitronensaft die Schärfe des Öls, ohne den besonderen Geschmack zu überdecken.

120 ml Zitronensaft
2 EL geröstetes Sesamöl
3 EL Olivenöl
3 EL Zucker
¼ TL grobes Meersalz
2 EL Gochujang-Paste (siehe Kasten S. 70)
115 g Romanasalat, in mundgerechten Stücken
35 g Zuckerschoten, diagonal halbiert
40 g Enoki-Pilze

1. Den Zitronensaft mit dem Sesamöl, dem Olivenöl, dem Zucker, dem Salz und der Gochujang-Paste im Mixer glatt pürieren.

2. Den Salat mit den Zuckerschoten und den Pilzen in einer Schüssel anrichten. Das Salz darüberstreuen, mit dem Dressing übergießen und gut mischen.

Koreanischer Krautsalat mit Sesam

6 Portionen **Zubereitung: ca. 45 Min.** **Geschmack: nussig/scharf/blumig**

In diesem Rezept pökele ich den Kohl 30 Minuten lang, damit er zwar diese etwas welke Krautsalatkonsistenz bekommt, aber immer noch frisch schmeckt. Dazu ein paar Gewürze, etwas geröstetes Sesamöl, zusammen mit dem blumigen Aroma der Wacholderbeeren, und schon ergibt sich eine interessante Variante des koreanischen Krautgerichts. Ich serviere es gerne zu Hotdogs oder Burgern.

900 g Weißkraut, gehobelt
4 EL grobes Meersalz
240 ml Gochujang-Paste (siehe Kasten S. 70)
60 ml geröstetes Sesamöl
720 ml Reisessig
200 g Zucker
4 Sternanis
6 zerstoßene Wacholderbeeren

1. Das Kraut mit dem Salz in eine große Schüssel geben, gut vermischen und 30 Minuten bei Zimmertemperatur ziehen lassen. Danach das Kraut unter kaltem Wasser abspülen und sämtliche überschüssige Flüssigkeit abgießen (eine Salatschleuder funktioniert hier prima).

2. In der Zwischenzeit in einer anderen großen Schüssel die Gochujang-Paste, das Sesamöl, den Essig, den Zucker, den Sternanis und die Wacholderbeeren verrühren. Das Kraut unterheben und servieren oder wahlweise in Gläser oder andere luftdichte Behälter füllen und bis zu 1 Monat im Kühlschrank aufbewahren.

Buchweizennudeln
mit scharfem Cashew-Dressing

4 Portionen   Zubereitung: ca. 30 Min.   Geschmack: nussig/scharf/süß

Diese Nudeln sind zum Schlürfen da – also keine Angst vor Essgeräuschen. Echt. Das Cashew-Dressing ist etwas ganz Besonderes – köstlich, nussig und cremig – und wird ergänzt durch den erfrischenden Geschmack gekühlter Wassermelone, der gewissermaßen im Mund explodiert und den Gaumen reinigt. Ich würde sagen, das ist mehr als ein Gericht – das ist ein Erlebnis.

Scharfes Cashew-Dressing:
2 EL Traubenkernöl
2 EL fein gehackter Knoblauch
120 g Cashewnüsse
2 EL Sesamöl
4 EL Erdnussbutter
60 ml Gochujang-Paste (siehe Kasten S. 70)
2 EL Zucker
1 TL grobes Meersalz
60 ml Wasser

450 g Buchweizennudeln
2 EL Traubenkernöl
4 EL Frühlingszwiebeln, diagonal in Ringe geschnitten
4 EL frische Korianderblätter
100 g Wassermelone, gewürfelt

1. Als Erstes wird das Cashew-Dressing zubereitet: Dazu das Traubenkernöl in der Pfanne bei schwacher Hitze erwärmen. Den Knoblauch ca. 2 Minuten darin anschwitzen, bis er weich wird. Dann die Cashews dazugeben und weitere 2 Minuten rösten, bis sie etwas Farbe annehmen.

2. Das Sesamöl, die Erdnussbutter, die Gochujang-Paste, den Zucker, das Salz und das Wasser hinzugeben. Die Mischung bei starker Hitze zum Köcheln bringen, dann vom Herd nehmen und im Mixer oder mit dem Pürierstab glatt pürieren. Mindestens 20 Minuten im Kühlschrank abkühlen lassen.

3. Wasser in einem großen Topf zum Kochen bringen. Die Nudeln hineingeben und so lange kochen, bis sie weich, aber noch bissfest sind. In ein Sieb geben und unter fließend kaltem Wasser abspülen. Die Nudeln dann in einer großen Schüssel mit dem Traubenkernöl mischen, damit sie nicht zusammenkleben, und ebenfalls 20 Minuten im Kühlschrank kalt stellen.

4. Zum Schluss das Cashew-Dressing unter die Nudeln heben. Die Nudeln sollten dabei richtig feucht werden. Mit Frühlingszwiebeln, Koriander und der Wassermelone garniert servieren.

Milchshake
mit geröstetem Reis

4 Portionen Zubereitung: ca. 20 Min. Geschmack: nussig/süß/rauchig

Wenn man den duftenden Basmatireis gerade so lange röstet, bis er außen schon schwarz wird, und man ihn dann vom Herd nimmt, entwickelt das Innere des Reiskorns einen intensiven Röstgeschmack. Auf diese Weise entzieht man dem Reis seine volle Aromaessenz. Es gilt dabei allerdings, ein Gespür für den richtigen Zeitpunkt zu entwickeln.

175 g Basmatireis
4 EL Zucker
720 ml Milch
4 Eiswürfel

1. In einer mittelgroßen Pfanne den Basmatireis ohne Fett so lange rösten, bis er braun wird.

2. Den Zucker hinzufügen. Sobald der Zucker anfängt zu schmelzen, mit der Milch ablöschen und alles zum Kochen bringen.

3. Die Pfanne vom Herd nehmen, den Inhalt in einen Mixer geben und 3–4 Minuten pürieren, bis der Reis grob gemahlen ist. Die Flüssigkeit dann durch ein feines Sieb gießen und mindestens 20 Minuten kalt stellen.

4. Vor dem Servieren das Eis hinzugeben und erneut pürieren.

Senfkorn-Relish

Ergibt etwa 480 ml Zubereitung: ca. 20 Min. Geschmack: nussig/süß/beißend

Allein beim Aufschreiben dieses Rezepts läuft mir das Wasser im Mund zusammen. Das Aroma der Senfkörner mit der Kurkuma im Kontrast zur erfrischenden Knackigkeit der Paprika ist einfach atemberaubend. Auf einen Hotdog oder ein Rauchfleisch-Sandwich gestrichen liefert diese Würzsauce Textur und Pfiff in einem.

3 EL Olivenöl
70 g Senfkörner
2 TL Kurkumapulver
225 g fein gehackte Zwiebeln
110 g gewürfelte grüne Paprika
1 fein gewürfelte Jalapeño-Chili
100 g Zucker
120 ml Reisessig

1. Das Öl in einer Pfanne erhitzen. Dann die Senfkörner ca. 1 Minute lang darin anrösten, bis sie anfangen aufzuplatzen. Das Kurkumapulver hinzufügen und 15 Sekunden lang weiterrösten. Dann die Hitze reduzieren und im Würzöl die Zwiebeln etwa 4 Minuten unter Rühren anschwitzen. Anschließend die Paprika- und Jalapeñowürfel und den Zucker hinzugeben und 3 Minuten weiterkochen.

2. Bei starker Hitze den Reisessig zugeben und so lange kochen (ca. 3 Minuten), bis die Flüssigkeit eingedampft ist und das Gemüse gerade noch überzieht. Die Pfanne vom Herd nehmen und abkühlen lassen. Nach Bedarf verwenden oder bis zu 1 Monat luftdicht verpackt im Kühlschrank aufbewahren.

Blumenkohl-Mandel-Püree

6 Portionen Zubereitung: ca. 20 Min. Geschmack: nussig/süß/erdig

Das hier ist eine fabelhafte Beilage zu Lamm, Kalb oder anderem rotem Fleisch. Es passt auch perfekt zu meinen Schmorrippchen mit Zitronengras-Honig (S. 30). Da das Püree ganz unaufdringlich und weich ist, lässt es sich auch prima mit orientalischen oder indischen Aromen kombinieren.

900 g Blumenkohl, in Röschen geschnitten
480 ml Milch
720 ml Wasser
130 g ganze blanchierte Mandeln
30 g Butter
4 EL Zucker
1 TL grobes Meersalz

1. Den Blumenkohl mit der Milch, dem Wasser und den Mandeln in einem großen Topf zum Kochen bringen. Dann bei mittlerer Hitze 10 Minuten köcheln lassen, bis der Blumenkohl weich ist.

2. Die Mischung vorsichtig in einer Mixer oder eine Küchenmaschine füllen (evtl. portionsweise arbeiten) und pürieren. Zum Schluss die Butter, den Zucker und das Salz zugeben und noch einmal durchmixen. Wenn nötig, vor dem Servieren wieder erhitzen.

Scharfes Erdnussbutter-Dressing

Ergibt etwa 720 ml Zubereitung: ca. 20 Min. Geschmack: nussig/süß/umami

Sie möchten ein schnelles, einfaches Essen? Dieses Dressing ist ruckzuck gemacht und passt perfekt zu Buchweizennudeln. Dazu noch ein paar frische Kräuter – fertig. Ich gebe auch gerne noch eine klein geschnittene Apfel-Birne als knackiges Extra darunter. Das Dressing funktioniert auch wunderbar als Dip für Satay-Spieße, als Salatsauce oder über gegrilltes Hühnchen geträufelt.

300 g gehackte Erdnüsse
2 EL Traubenkernöl
2 rote Thai-Chilis, gehackt
1 EL geriebene Ingwerwurzel
1 EL gehackter Knoblauch
720 ml Kokosmilch
3 EL Fischsauce (Nam Pla)
1 TL grobes Meersalz
2 EL frischer Limettensaft

1. Die Erdnüsse in einer großen Pfanne ca. 2 Minuten anrösten, bis sie anfangen zu duften. Dann das Öl, die Chilis, den Ingwer und den Knoblauch hinzugeben und alles 2 Minuten anschwitzen, bis der Knoblauch Farbe annimmt.

2. Mit der Kokosmilch ablöschen und um etwa ein Drittel einkochen lassen. Dabei regelmäßig umrühren. Die Fischsauce und das Salz zugeben und weitere 2 Minuten kochen lassen.

3. Die Pfanne vom Herd nehmen, den Limettensaft unterrühren und abkühlen lassen. Danach sofort verwenden oder in einem luftdichten Behälter bis zu 1 Monat im Kühlschrank aufbewahren.

Register

F

G

M

N

O

P

R

S

T

V

W

Y

Z

Danksagung

Jedes Buch hat einen Anfang und ein Ende, aber die Beziehungen, die man auf dem Wegstück dazwischen aufbaut, bestehen weiter. Dies sind die Menschen, die mit mir auf diese Reise gegangen sind und mir dabei geholfen haben, das Buch zu dem zu machen, was es ist.

Meinem wunderbaren Sohn Jacob: Momentan begreifst du vielleicht noch nicht richtig, wie viel du bereits hast kämpfen müssen. Ich aber schon. Jeden Morgen beim Aufwachen danke ich Gott dafür, dass ich dich habe, und ich werde alles tun, was in meiner Macht steht, die Menschen so zu inspirieren und eine solche Wirkung auf sie zu haben, wie du es mit mir getan hast.

Meiner Familie: Als jüngstes Kind bereitet es mir so viel Freude, meine Geschichten über harte Arbeit, Opfer und Erfolg mit euch zu teilen. Ihr seid alle Zeugen meiner Mühen geworden und habt mir stets mit bedingungsloser Unterstützung und Liebe zur Seite gestanden.

Tante Carmen – als ich als junger Kerl neben dir am Herd stand, konnte ich nicht ahnen, welch großen Einfluss du auf mich hattest. Jetzt, leider lange nachdem du nicht mehr bei uns bist, wird mir klar, dass du mich zu meiner großen Leidenschaft inspiriert hast – eine Leidenschaft, die ich bei dir in der Küche entdeckt und entwickelt habe. Wann immer ich das Gefühl habe, verloren zu sein, spüre ich dich, meinen wahren Nordstern, in meiner Nähe.

Sicher haben alle Köche Mentoren, die sie motivieren, sie fördern, sie zu Bestleistungen anspornen und ihnen die wesentlichen Fähigkeiten mit auf den Weg geben. Ich hatte das Glück, gleich fünf von euch zu haben: Alain Ducasse, Jean-Georges Vongerichten, Mark Hussey, Anthony Ligouri und Christian Bertrand.

Zu träumen ist eine Sache, einen Traum zu leben eine andere. Als mein Team wende ich mich Tag für Tag an euch, um unsere Träume zum Leben zu erwecken. Ihr inspiriert mich, fordert mich heraus und glaubt an mich. Ich bin überzeugt, dass wir alle hier auf der Welt sind, um nach Höherem zu streben, und mit euch an meiner Seite habe ich keinen Zweifel, dass wir es schaffen können. Danke Ricky Camacho, Jason Ezratty, Christopher Minnik und Zach Minot.

Ein großes Dankeschön an Angela Miller, meine Agentin, dafür dass sie schon ganz zu Anfang an dieses Projekt geglaubt hat und mich dazu ermutigt hat, meine Begeisterung fürs Kochen und die Geschichten aus meinem Leben mit den Lesern zu teilen. Anja Schmidt und Kyle Cathie, meinem Lektorenteam, möchte ich dafür danken, dass sie dieses wunderschöne Buch genau so gemacht haben, wie ich es mir erhofft hatte. Ein Hoch auf das geniale Team, dank dem es so fantastisch aussieht: William Brinson, Adrienne Anderson, Paige Hicks und Nicky Collings.

Ein großes Dankeschön an meine Co-Autorin Suzanne Lenzer, ohne die dieses Buch nicht halb so toll geworden wäre. Ihre Fähigkeit zuzuhören und ihre aufgeschlossene Art haben es mir ermöglicht, mich so zu öffnen, dass wir gemeinsam meine Geschichten und Rezepte zu Papier bringen konnten.

Und zu guter Letzt, Katie: Mir deiner Unterstützung sicher zu sein, tröstet mich, ermutigt mich und spornt mich dazu an, nach mehr zu streben. Danke.

EXIT

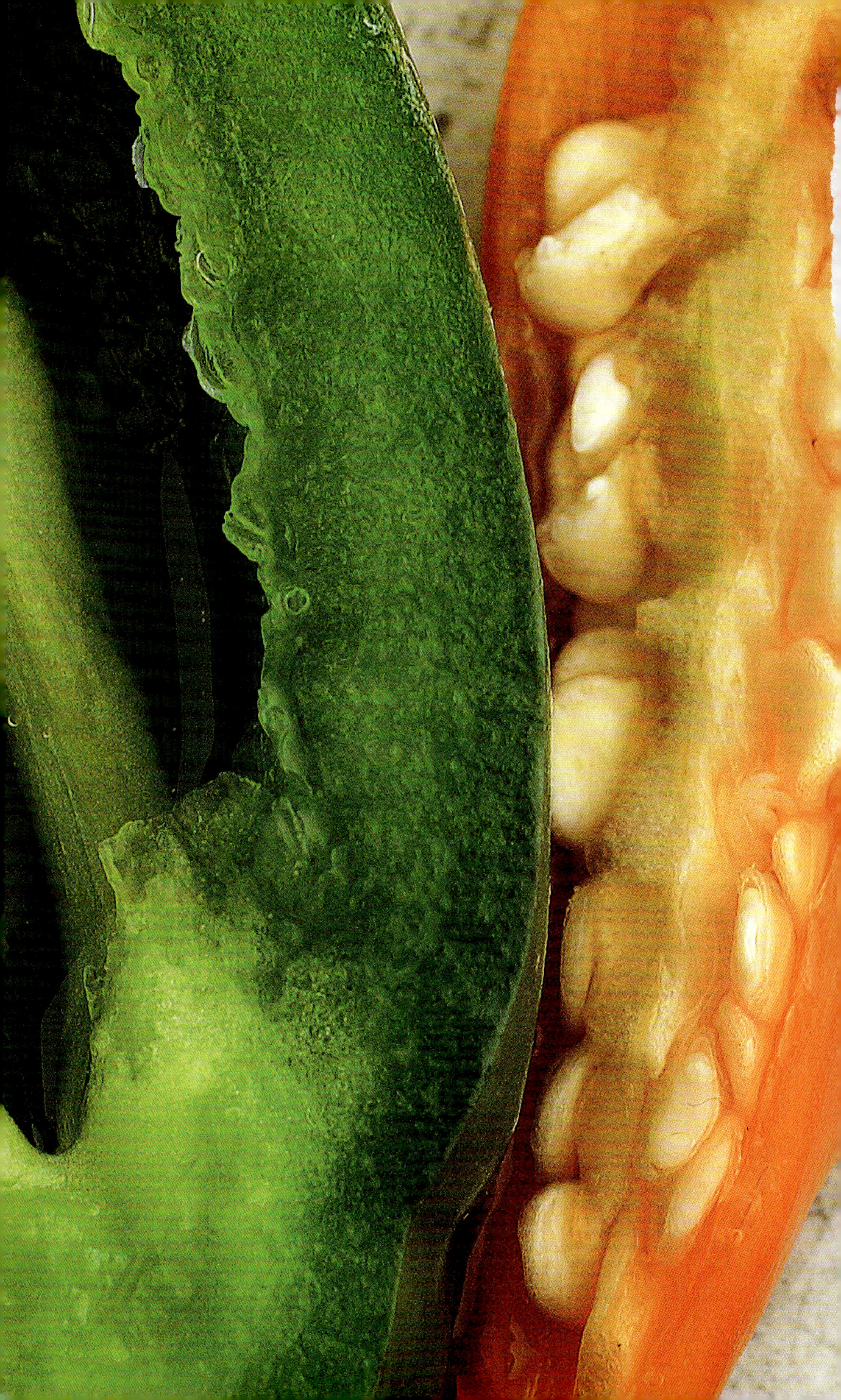